»Ihr könnt genausogut erwarten, dass die Flüsse rückwärts fließen, als dass ein Mensch, der frei geboren wurde, damit zufrieden ist, eingepfercht zu leben, ohne die Freiheit, zu gehen, wohin er beliebt.«

Chief Joseph, Nez Percé

Indianer

Der Traum von Freiheit

Indianer
Der Traum von Freiheit

von Michael Kohlhammer

KOSMOS

Inhalt

TAKE
PHOTO
LITTLE

Irrtümer

?! INDIANER SIND DIE UREINWOHNER AMERIKAS → Die Indianer leben sicherlich schon sehr, sehr lange in Amerika. Aber sie sind doch nur Zuwanderer aus einem anderen Erdteil. Welcher Erdteil das ist und wie die Indianer nach Amerika kamen, verrät die Reportage »Ein langer Weg aus grauer Vorzeit« ab Seite 22.

?! DIE INDIANER WOHNTEN IN ZELTEN → Stimmt, einige taten das. Aber viel mehr wohnten in Lehmhäusern, Grashütten, Langhäusern, Erdhütten oder anderen Behausungen. Mehr darüber steht in der Reportage »Wie sie wohnten« ab Seite 28.

?! SCHON SEIT LANGEM GIBT ES FRIEDENSVERTRÄGE ZWISCHEN DER AMERIKANISCHEN REGIERUNG UND DEN INDIANERN → Das trifft auf fast alle Indianer zu. Aber einen Stamm gibt es, der sich bis heute rühmt, nie mit den Weißen Frieden geschlossen zu haben und sich immer noch im Krieg mit ihnen zu befinden! In der Reportage »Grausam und unbesiegt« ab Seite 54 wird die bemerkenswerte Geschichte der Seminolen geschildert.

?! DIE INDIANER KAMEN ZU IHREN PFERDEN, INDEM SIE WILDPFERDE (MUSTANGS) ZÄHMTEN → Als die Weißen in Nordamerika an Land gingen, gab es auf dem riesigen Kontinent kein einziges Pferd. Wie die Indianer dann doch an Pferde kamen und zu bewunderten Reitern wurden, steht in den Reportagen »Die Macht der ›Geisterhunde‹« (ab Seite 40) und »Das Ende der Pferdezüchter« (ab Seite 42).

?! DER GOTT ALLER INDIANER WAR MANITU

→ Die Indianer hatten nicht alle die gleiche Religion oder den gleichen Glauben. Die Vorstellung von einem Gott, der die Welt erschaffen hat, war ihnen eher fremd. Mehr Informationen darüber finden sich in der Reportage »Geistertanz und Traumfänger« ab Seite 20.

Dieser geflochtene und bemalte Hut wird von den Haida im Nordwesten getragen und repräsentiert den hohen Status seines Trägers, der durch die Hermelinfelle noch unterstrichen wird.

?! DIE HÄUPTLINGE TRUGEN FEDERHAUBEN

→ Richtig, die Federhaube und überhaupt das Tragen von Federn im Haar war bei den Prärie-Indianern von großer Bedeutung. Viele andere Stämme, zum Beispiel die im Nordwesten, kannten diesen Brauch aber überhaupt nicht und trugen ganz andere Kopfbedeckungen »Die Herren der Prärie« ab Seite 8.

Big Mouth Spring hängt ein Skalp von der Schulter herab.

Großes Treffen der Schwarzfuß-Indianer in Montana

?! HEUTE GIBT ES IN NORDAMERIKA NUR NOCH WENIGE INDIANER → Man schätzt, dass heute wieder so viele Menschen in Nordamerika leben wie zu der Zeit, als die Weißen kamen. Wie und wo sie heute leben, steht in der Reportage »Casinos, Powwows, Kampf um Rechte« ab Seite 58.

?! DIE INDIANER WAREN FRIEDLIEBENDE MENSCHEN – BIS DIE WEISSEN KAMEN

→ Das kann man keinesfalls behaupten, es gab Stämme, wie zum Beispiel die Irokesen, die immer wieder Kriege mit anderen Stämmen anzettelten und ihre Gefangenen mit unvorstellbarer Grausamkeit behandelten. Darauf wird besonders in den Reportagen »Der Pfahl im Fleisch der Algonkin« (ab Seite 38) und »Grausam und unbesiegt« (ab Seite 54) eingegangen.

?! DIE INDIANER BRAUCHTEN DIE ZEICHENSPRACHE, UM SICH MIT DEN WEISSEN VERSTÄNDIGEN ZU KÖNNEN

→ Zunächst einmal brauchten sie die Zeichensprache, um sich untereinander verständigen zu können. Wie viele Indianersprachen es gab, warum sie so unterschiedlich waren und alles über Signalsprache steht in der Reportage »In hundert Zungen reden« ab Seite 24.

Das bedeutet »viele«.

Die Herren der

Basis für ein großartiges Leben: Prärie-Indianer zu Pferd auf der Bisonjagd, Gemälde des berühmten Indianer-Malers George Catlin. Nach ihm ist ein Mineral, das Catlinit, benannt, aus dem der Pfeifenkopf der Friedenspfeifen geschnitzt wird. Er durfte als erster Weißer den Steinbruch mitten in der Prärie sehen.

Das riesige Gebiet der Prärie war über Jahrhunderte menschenleer. Der Name (aus dem Französischen für Wiese = prairie) drückt nicht aus, wie lebensfeindlich die Landschaft für Menschen ursprünglich war: Zwar gab es auf den riesigen, steppenähnlichen Ebenen Wild, aber viel zu wenig Wasser, um dort gefahrlos große Entfernungen zu überwinden oder gar um Ackerbau zu betreiben.

Aber dann kamen die Weißen, zuerst die Spanier im Süden, – und sie brachten die Pferde. Und plötzlich war die Prärie im wahrsten Sinne des Wortes »beherrschbar«. Zunächst waren es natürlich die Stämme des Südens, die den Spaniern räumlich näher waren, die die unglaublichen Vorteile von Pferden erkannten und nutzten: erst die **Kiowa-Apachen** und die **Ute**, dann vor allem die **Comanchen**. An Antilopen und Büffel musste man sich jetzt nicht mehr

Prärie

mühsam anschleichen, sondern konnte sie beritten verfolgen und mit Pfeil und Bogen erlegen. Die weit auseinanderliegenden, überlebenswichtigen Wasserstellen konnten nun gefahrlos erreicht werden. Verfeindete Stämme, die nur zu Fuß unterwegs waren, waren plötzlich rettungslos unterlegen.

* EINE REICHE, WEITE WELT

Der Siegeszug des Pferdes ging unaufhaltsam nach Norden. Bald waren es die **Wichitas**, die mit Pferden umzugehen lernten, dann die **Arapahoes**, die **Cheyenne**, die **Shoshonen**. Und schließlich der Stamm, der zum berühmtesten Reitervolk überhaupt werden sollte: die **Sioux**. Diese Stämme hatten früher auf mehr oder weniger guten Böden mühsam Ackerbau betrieben und waren dann weitergezogen, wenn der Boden nichts mehr hergab. Jetzt lag plötzlich eine reiche, weite Welt

offen vor den Hufen ihrer Pferde. Eine Welt mit riesigen Büffelherden für die Jagd und mit großen Mustangherden für die Beweglichkeit in den offenen Ebenen und zum Transport des ganzen Hausrats. Diese Transportmöglichkeit war wichtig, denn man folgte den großen Herden: Schnell waren die Tipis abgebaut und die Pferde beladen.

Es ist sicherlich nicht überraschend, dass diese neue Entwicklung, ein einfacheres, reicheres, von weniger Nahrungssorgen geprägtes Leben zu führen, auch andere Stämme in ihren Bann zog. Neue Stämme zogen in diese Gebiete und übernahmen die neue Kultur. Namen berühmter Stämme sind da zu nennen: **Assiniboin**, **Schwarzfuß**, **Crow**, **Cree**. Und es gab auch Stämme wie die und einige östliche Sioux-Stämme, die zwar das Pferd für sich entdeckten, aber dennoch in ihrem fruchtbaren Gebiet (meist nahe von Flüssen) blieben und Ackerbau betrieben.

Ein Tomahawk war in der Hand eines kampferprobten Kriegers eine absolut tödliche Waffe. Die oft aus mehreren Schichten Bisonhaut zusammengeleimten Schilde boten einen überraschend guten Schutz vor Tomahawks und Pfeilen.

Nur teilweise wurden die Haare vom Bisonleder für diese schön verzierten Leggins abgeschabt.

* TOMAHAWKS UND FRIEDENSPFEIFEN

Es sind die Herren der Prärie, wie zum Beispiel die **Sioux**, an die wir Europäer sofort denken, wenn wir das Wort »Indianer« hören. Berittene Krieger mit Federhauben tauchen da vor unserem inneren Auge auf, bekleidet mit den sogenannten **Leggins** zum Schutz der Beine und mit reich verzierten Hemden aus Büffel- oder Antilopenfell. Wir sehen, wie sie sich mit Pfeil und Bogen an Bisons anschleichen oder sie zu Pferd jagen. Zur Jagd benutzten sie außerdem zusätzlich Lanzen und Keulen, oft **Tomahawks** genannt. Tomahawks (aus der Algonkin-Sprache »Tamähakan« = Werkzeug zum Schneiden) waren ursprünglich eher Haushaltsgegenstände, bis sie schließlich auch für die Jagd benutzt wurden. Als die Weißen das Metall brachten, wurden die Tomahawks bald zu Kriegsbeilen. Dies ist der Ursprung des Ausdrucks »das Kriegsbeil begraben«: Als Symbol für den Friedensschluss wurden Tomahawks begraben. Und es gab sie wirklich, die **Friedenspfeife**: Indianer rauchten gerne und jeder Mann besaß seine eigene Pfeife, die zusammen mit dem Tabak in einem reich verzierten Beutel aufbewahrt wurde. Das Rauchen ganz bestimmter, nur für diesen Zweck benutzter Pfeifen war bei vielen Stämmen üblich. So rauchte man bei Kriegserklärungen und Friedensschlüssen die gemeinsamen Pfeifen. Die **Arapahos** hatten sogar ein eigenes Pfeifenzelt, in dem die Stammespfeife aufbewahrt wurde. Und es gab auch die interessante Kombination des Pfeifentomahwks: zugleich Waffe und Rauchwerkzeug. In den Tipi-Lagern sind **Squaws**, also Indianerfrauen, damit beschäftigt, Felle abzuschaben und **Mokassins** mit Stachelschweinborsten und Perlen zu besticken. Die Männer bemalen die ledernen Zeltbahnen der Tipis mit wunderschönen, bunten Mustern. Wenn die Alltagsarbeit getan war, fanden sich die Frauen zu Ballspielen (aus geflochtenen Haaren) in großen Gruppen zusammen. Gut ging es den Prärie-Indianern, die Bisons waren eine unerschöpfliche Nahrungsquelle, die Pferde, die sie in mehr als ausreichender Zahl besaßen, machten sie unabhängig von festen Standorten und waren ihr ganzer Stolz.

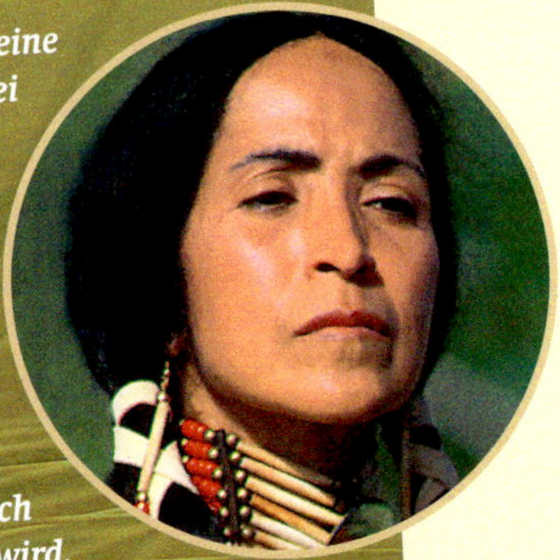

Der Begriff »Squaw« für eine Indianerfrau ist heute auch bei den Indianern selbst sehr umstritten. Denn leitet man das Wort aus der indianischen Algonkin-Sprache ab, bedeutet es lediglich »Frau«. Eine andere Herkunft des Wortes beleidigt eine Frau so sehr, dass das Wort im Alltagsgebrauch nicht mehr benutzt wird.

* DAS KRIEGS»SPIEL«

Die liebste Freizeitbeschäftigung der Männer aber war der Krieg: Hier ging es darum, Heldentaten zu begehen und

Ruhm zu ernten. Besondere Leistungen bestanden etwa darin, mitten aus dem Lager eines anderen Stammes ein dort angepflocktes Pferd zu stehlen, vor allem ein möglichst schönes eines berühmten Kriegers. Dabei wurde das Pferd keineswegs gebraucht, Pferde hatte man selbst genug. Es ging um die Ehre und darum, öffentlich Mut zu beweisen. Oder einen anderen »Coup« zu vollbringen, also zum Beispiel einen Gegner mit einem federgeschmückten Stab oder mit der Hand zu berühren. Dies alles klingt eher nach edlem Wettstreit, nach einer Art abenteuerlichem Sport, aber man darf sich da nichts vormachen: Diese Kriegs»spiele« waren tödlich, nicht aus Versehen, sondern gewollt. Zwar ging es in diesem gefährlichen Streben nach Ruhm und Ehre meist nicht in erster Linie um das Töten des Gegners, aber das gehörte, wie auch der eigene Tod, ganz selbstverständlich dazu. Skalps des getöteten Gegners wurden zwar genommen, brachten aber keine besondere Ehre ein.

DIE FRIEDENSPFEIFE

Bei der Friedenspfeife ist nichts ohne Bedeutung: Der rote Pfeifenkopf aus Catlinit verkörpert die Erde, die am Rohr befestigten Adlerfedern die Luft; das Holz des Rohres steht für all das, was auf der Erde wächst, und die vielen kleinen Tabakkrumen sind alle Lebewesen dieser Welt.

* WOLFSSCHWANZ UND ADLERFEDER: ZEICHEN DER EHRE

Wer »Coups« vollbrachte oder auf andere Art und Weise zu Ruhm gekommen war, schmückte sich entsprechend: Krieger der **Crow** banden sich Wolfsschwänze an ihre Mokassins. **Schwarzfuß**-Indianer durften als Zeichen begangener Ruhmestaten ihre Hemden mit Hermelinfellen schmücken. Adlerfedern wurden von Kriegern getragen, die sich besonders ausgezeichnet hatten. Den besonders langen Federschmuck trugen viele Kriegshäuptlinge. Häuptlinge waren häufig nichts anderes als Krieger, die sich durch besonders viele Heldentaten ausgezeichnet hatten. Von besonderem Wert waren die Schwanzfedern der Adler, erkennbar an ihren schwarzen

→ KRIEGSBEMALUNG

Gesicht und Körper wurden aus ganz unterschiedlichen Gründen bemalt. Zunächst gab es natürlich die Kriegsbemalung, die bei jedem Indianerstamm anders aussah, aber immer die Taten des Kriegers rühmten. Körperbemalung gab es auch als Hinweis auf die Zugehörigkeit zu bestimmten religiösen Gruppen. Und schließlich ist noch ein sehr einfacher, praktischer Grund für die Bemalung zu nennen: Sie diente als Sonnenschutz und wehrte Insekten ab.

Spitzen. Die Zahl dieser Federn zeigte, wie oft ihr Träger an Überfällen und anderen kriegerischen Handlungen teilgenommen hatte. (Oft waren die Spitzen der Federn zusätzlich mit Flaumfedern und Bommeln aus gefärbtem Pferdehaar verziert.) Die größte Bedeutung hatte der Federschmuck bei den **Sioux**: Sie entwickelten eine ganz eigene und vielfältige Sprache des Ruhmes »durch die Feder«. (Und wer denkt da nicht an Bilder von Soldaten mit ordengeschmückter Brust?)

* DIE MÄCHTIGEN SIOUX

Wohl kein anderes indianisches Volk ist so bekannt wie die **Sioux**. Ursprünglich waren sie eine unbedeutende kleine Gruppe von Sammlern (wilder Reis) und Jägern in den Waldgebieten des Nordens, bis sie von dort von ihren Todfeinden, den **Chippewaw,** nach Süden vertrieben wurden. Sie selbst nannten sich **Dakota**, was soviel heißt wie »Verbündete«. Von den Chippewaw wurden sie »Nadoweis-siw« genannt, »kleine Schlangen«. Die französischen Grenzer machten aus diesem Chippewaw-Wort erst »Nadouessioux«, woraus dann bald **Sioux** wurde. Sie wurden das mächtigste Reitervolk: Um 1850 beherrschten etwa 15.000 Sioux-Krieger weite Teile der Prärie. Legendär sind die Namen vieler ihrer Häuptlinge: Red Cloud, American Horse, Sitting Bull, Crazy Horse, Gall, Big Foot, Spotted Tail, Rain-in-the-Face …

Dass sich die meisten Sioux-Stämme nicht einfach den Weißen unterwerfen würden, war vorherzusehen. Dass das Ende der mächtigen und stolzen Sioux ähnlich dem anderer Indianer war, ist bekannt: das Abschlachten der Bisons, der Bruch von Verträgen, der Ausbruch des Krieges. Eine der letzten »Schlachten« der Sioux war das berühmte Massaker am Wounded Knee (siehe Seite 36).

***»Wie kann ich die Luft, in der ich stehe, den Boden, über den ich reite, die Blätter eines Baumes, die im Winde rascheln, wie kann ich eine Teil des Windes, einen Teil der Wolken, einen Teil der Erde als etwas erklären, das nur mir allein gehört?«* Red Cloud**

Berühmte Sioux-Häuptlinge: Red Cloud (oben), Sitting Bull (links), Spotted Tail (unten).

Der »Code« des Federschmucks der Sioux

1. ***Tötete einen Feind***
2. ***Tötete einen Feind und skalpierte ihn***
3. ***Schnitt einem Feind die Kehle durch***
4. ***Dritter »Coup«***
5. ***Vierter »Coup«***
6. ***Fünfter »Coup«***
7. ***Der Träger wurde viele Male verwundet***

Der Jäger ist nervös, Schweißperlen stehen auf seiner Stirn. Es ist heiß unter dem Wolfsfell, seiner Tarnung, unter der er sich an die Herde anschleicht. Aber es ist nicht alleine die Mittagssonne, die den Jäger zum Schwitzen bringt. Er weiß, wie wichtig diese Jagd heute ist. In den letzten Wochen haben sie kein Jagdglück gehabt, schon lange gab es kein frisches Fleisch mehr. Der Winter ist nah. Bald, vielleicht schon morgen, werden die Bisons fortgezogen sein. Die Jagd heute muss gelingen, ein Fehler könnte das Leben des ganzen Stammes in Gefahr bringen.

KOLOSSE AUF VIER BEINEN

Bisons können ein Gewicht von bis zu 900 kg erreichen. Daher warnt dieses Schild Autofahrer zu besonderer Vorsicht. Ein Zusammenstoß mit einem Auto könnte einen gefährlichen Ausgang nehmen.

Wie seine Gefährten, mit denen er sich gemeinsam in weitem Halbkreis vorsichtig der Herde nähert, hat er eine Decke in der einen und seine Lanze in der anderen Hand. Da kommt das vereinbarte Zeichen! Alle springen auf und laufen laut schreiend und mit den Decken winkend auf die Herde zu. Die Tiere sind verstört, sie begreifen nicht, was vor sich geht. Panik entsteht unter den Bisons, die Herde setzt sich in Bewegung – nur weg von diesen bunten, schreienden Wesen, die da auf sie zukommen. Immer schneller donnert die Herde davon: eine Stampede!

Verehrt, gejagt, (fast) ausgerottet

Forscher haben herausgefunden, dass die Indianer nahezu 100 verschiedene Gegenstände aus Teilen der Bisons hergestellt haben, zum Beispiel:

- Zeltplanen und Schilde, Decken
- Kleidung aus den Häuten
- Rasseln und andere Gegenstände für religiöse Zeremonien aus Hufen, Hörnern, Schädeln
- Gerbmittel für die Lederherstellung aus dem Gehirn
- Garn und Schnüre aus Büffelhaar
- Schneidewerkzeuge aus den Zähnen
- Beutel zum Aufbewahren verschiedener Dinge aus der Blase
- Bogensehnen und Seile aus den Därmen
- Werkzeuge, z. B. Schaber zum Säubern der Häute, aus Knochen
- Schlittenkufen aus den Rippen
- Schüsseln aus den Schädeln
- getrockneten Büffeldung als Brennmaterial

* METHODEN DER BISONJAGD

Bevor die Indianer der Prärie und der großen, weiten Ebenen (Plains) Pferde besaßen, waren sie gezwungen, sich zu Fuß auf die Bisonjagd zu machen. Diesen Kolossen nur mit Lanzen und Pfeil und Bogen entgegenzutreten, war lebensgefährlich. Deshalb wandten die Indianer verschiedene Jagdlisten an. So wurde zum Beispiel die Prärie angezündet, damit die Flammen die Tiere in kleine Täler zwangen, vorbei an versteckten Bogenschützen und von oben mit Felsbrocken beworfen. Eine nicht ungefährliche List, denn wenn der Wind plötzlich drehte, waren es die Indianer selbst und ihre Dörfer, die von den Flammen bedroht wurden.

* BUFFALO JUMPS

Eine andere Jagdmethode war die der sogenannten Buffalo Jumps: Wann immer eine Büffelherde in die Nähe eines steilen Abhangs oder von Klippen geraten war, schlichen sich die Indianer unter Tierfellen an die Herde an. Nun war es entscheidend, die Tiere so in Furcht zu versetzen, dass sie gemeinsam, im Pulk davonstürmten. Diese panikartige Massenflucht der Bisons heißt Stampede. Die Tiere stürzten dann über den Abhang hinab in den Tod. Verletzte Tiere wurden von unten wartenden Jägern mit Lanzen getötet.

Manchmal wurde auch ein Indianer als eine Art »Lockvogel« zwischen der Herde und dem Abhang aufgestellt, der die Wut der Bisons auf sich ziehen sollte. Eine lebensgefährliche Aufgabe, denn der Jäger musste knapp vor den Bisons den Abhang erreichen, um sich dort in einer Felsspalte in Sicherheit bringen zu können.

Buffalo Jumps: Noch wissen die Bisons nicht …

… dass sie in Richtung Abgrund getrieben werden.

oben links: Verzierte Mokassins für den Winter – das Fell wurde nicht enthaart und – um zu wärmen – nach innen gestülpt.

oben rechts: Solche Rasseln, aus Hornschalen gefertigt, wurden für rituelle Tänze gebraucht oder um Geister zu vertreiben.

rechts: Dieser bemalte Schild aus zwei Lagen Büffelleder war ein guter Schutz vor Axthieben und Pfeilen.

rechts darunter: Diese reich bemalte und mit Borsten verzierte Büffelhaut wurde als Umhang getragen.

unten: Den Bisontanz gab es bei vielen Indianerstämmen. Meist wurde er getanzt, um die Bisonherden auf ihren Wanderungen durch das Jagdgebiet der Indianer zu führen. Die Tiere würden nur dann kommen, wenn der Tanz aufgeführt wurde, so glaubte man. Die Tänzer setzten dabei Bisonschädel auf oder tanzten um ein Schädel herum.

* DIE BEDEUTUNG DER BISONS FÜR DIE INDIANER

Die Bisons bildeten die Lebensgrundlage für die Prärie- und Plains-Indianer. Zunächst einmal aßen sie natürlich das Fleisch: Es wurde klein geschnitten und gebraten oder roh verzehrt. Für den Winter, wenn die Büffel weitergezogen waren, »konservierte« man das Fleisch als Pemmikan: In kleinen Stücken gedörrt, mit Steinhämmern fein zerrieben und dann mit Fett und Beeren vermischt, wurde es in Lederbeuteln aufbewahrt. Weiße, die davon probierten, berichteten, es schmecke »grässlich«. Wenn die Herden dann zurückkehrten, wurde nach der ersten erfolgreichen Jagd vor allem die Leber der Bisons gleich roh gegessen. Sie enthält wichtige Vitamine, die die Indianer den Winter über entbehren mussten.

→ BISON AUF »INDIANISCH«

Bison oder Buffalo sind die »weißen« Namen, hier einige Wörter dafür aus unterschiedlichen Indianer-Sprachen: Tatanka (Lakota), Yanash (Choctaw) Pkocshuke' (Potowatomi)

Die Felle und Häute wurden im inzwischen dicht besiedelten Osten des Landes gerne für Kleidung benutzt sowie von der aufstrebenden Industrie als Maschinengurte verwendet. Mit Europa fand ein schwunghafter Fellhandel statt.

Heute gibt es wieder etwa 350.000 Bisons in Nordamerika, aber nur noch zwei wild lebende Herden: im Wood Buffalo National Park im Staate Alberta (Kanada) sowie die knapp 3.500 Tiere im Yellowstone National Park (USA). Die überwiegende Zahl der Bisons wird hingegen als Nutztiere gehalten. Nach wie vor sind die Felle begehrt, aber auch ihr fettarmes Fleisch, das hin und wieder selbst in europäischen Supermärkten zu finden ist.

* DIE AUSROTTUNG DER BISONS

Seit die Prärie- und Plains-Indianer Pferde besaßen, war ihr Leben, von den entbehrungsreichen Wintermonaten abgesehen, üppig und einfach. Die Jagd vom Pferd aus mit den kurzen Bogen war viel einfacher und erfolgreicher als vorher. Mindestens 60 Millionen Bisons, wahrscheinlich sogar 100 Millionen, so heutige Schätzungen, lebten damals in Nordamerika – genug für alle.

Plötzlich aber änderte sich alles: Die Weißen waren da und mit ihnen ihre Gewehre. Hatten die Indianer bisher so viel gejagt, wie sie eben brauchten, begann nun das systematische Abschlachten der Bisons. Bisonjagd wurde zu einer Art Volkssport.

Aber auch gewichtige wirtschaftliche und politische Gründe gab es aus Sicht der Weißen für das massenhafte Abschlachten der Tiere: Die Eisenbahngesellschaften zahlten sogar Prämien für den Abschuss von Bisons. Die Herden konnten die Strecken tagelang blockieren oder zu spät bremsende Lokomotiven wurden beschädigt, wenn sie in eine Herde fuhren. Nicht zuletzt sollten die Indianer, immer wieder in Kriege mit den Weißen verwickelt, in die ihnen zugewiesenen Reservate gezwungen werden. Nahm man ihnen die Bisons, entzog man ihnen die Lebensgrundlage in ihren heimischen Gebieten.

Und so nahm das Bisonschlachten seinen Lauf: Je nach Jahreszeit wurden 2.000 bis 100.000 Tiere pro Tag abgeschossen. Es kam, wie es kommen musste: Die Zahl der Bisons ging so dramatisch zurück, dass sogar einige Berufsjäger einsahen, dass die Bisons kurz vor der Ausrottung standen. Zur Rettung der Bisons sollte die Gründung des Yellowstone National Parks im Jahre 1872 werden. Hierher hatten sich 23 Tiere in ein abgelegenes Tal vor der Vernichtung gerettet. Um 1890 gab es dann noch etwa 800 Bisons in ganz Nordamerika. Ganze 800 von einst 60 bis 100 Millionen!

* EIN GEMEINSAMES SCHICKSAL

Die Bisons und die Plains-Indianer sollten also ein ähnliches Schicksal erleiden: So, wie heute im Vergleich zu früher nur noch wenige Bisons meist hinter Zäunen leben, leben heute die meisten überlebenden Indianer in den Reservaten, die ihnen die Regierung der Vereinigten Staaten zugewiesen hatte. Die riesigen Bisonherden und die Menschen und die Kultur der Plains-Indianer wären fast beide gemeinsam endgültig zugrunde gegangen.

BÜFFEL ODER WISENT?

Büffel (Buffalo) nennt man den Bison in Nordamerika. Aber nicht die Büffel in Asien und Afrika sind seine Verwandten, sondern nur der in Europa lebende und vom Aussterben bedrohte Wisent.

Viele Jäger hatten zwei Gewehre zum Wechseln: Die Läufe erhitzten sich zu sehr und mussten zwischendurch abkühlen. Professionelle Bisonjäger wie Buffalo Bill (s. o.) rühmten sich, bis zu 100 Tiere pro Tag erlegt zu haben. Ein anderer behauptete, im Laufe seines Lebens mehr als 20.000 Bisons getötet zu haben.

Güterzug um Güterzug, alle ausschließlich mit Fellen beladen, dampfte in Richtung Osten, bis zu eine Million Felle jährlich in den Jahren um 1870.

Geistertanz

Mit weit ausholender Geste blickt der Sioux-Krieger auf die Black Hills, die heiligen Berge seines Stammes. Wird er eine Eingebung, eine Vision, haben, die ihn für den Geistertanz heute Abend besonders stärkt? Diesen Tanz werden sie alle zusammen tanzen, um gemeinsam zu spüren, dass sie mächtig sind, dass sie den Kampf gegen die übermächtigen Feinde noch lange nicht verloren haben.

Dieser Schamane (Medizinmann) aus dem Nordwesten war hoch angesehen. Mit der Wirkung von Kräutern kannte er sich genauso gut aus wie mit der Anwendung psychologischer Heilverfahren.

und Traumfänger

* MEDIZINMÄNNER UND SCHAMANEN

Krankheit und Heilung hingen für die Indianer mit Religion zusammen – deshalb waren die Weißen schnell mit dem Urteil zur Hand, alle Indianer, die mit religiösen Dingen zu tun hatten, als Medizinmänner zu bezeichnen. Ein anderer Name für Medizinmann ist »Schamane«. Natürlich gab es unter ihnen viele, die etwas von Medizin verstanden und Krankheiten zu heilen wussten. Das Wissen über Heilkräuter war weit verbreitet und man wusste auch gebrochene Knochen zu schienen.

Die Schamanen konnten aber oft auch eine Menge Zaubertricks, mit denen sie ihre Zuschauer beeindruckten und ihre Macht innerhalb der Gemeinschaft stärkten. In manchen Stämmen hatten die Schamanen mehr zu sagen als die Häuptlinge.

* MANITU

So unterschiedlich die Sprachen und Lebensweisen der Indianer waren, so unterschiedlich waren auch ihre religiösen Überzeugungen. Das ging von Stämmen mit festen Ritualen und Priestern bis zu anderen, die sich eher mit Traumdeutung und Visionen beschäftigten oder sich überhaupt wenig um religiöse Dinge kümmerten. Gemeinsam ist ihnen allerdings die Vorstellung eines Geistes, der alle Menschen, Dinge, Tiere durchdringt. In den verschiedenen Religionen und Völkern gab es für diesen Geist verschiedene Namen: Manitu (Algonkin), Orenda (Irokesen), Wakonda (Sioux). Das ist kein über alles herrschender Gott wie etwa im Christentum, sondern ein Geist, der in allem, was diese Welt ausmacht, wohnt: im Wind, in den Pflanzen, den Tieren, im Boden … Das ist auch einer der Gründe dafür, dass die Indianer einfach nicht begreifen konnten, warum die weißen Siedler die Bisons, in denen dieser Geist doch auch lebte, so sinnlos abschlachteten.

Masken spielten eine wichtige Rolle bei den religiösen Ritualen vieler Stämme – ob im Süden, bei den Irokesen, oder im Nordwesten bei den Haida.

Die Herstellung von sogenannten Traumfängern ist heute noch üblich, allerdings häufig nur noch für Touristen. Ein Traumfänger wurde über der Schlafstelle aufgehängt: Die bösen Träume blieben im Netz hängen, die guten schlüpften hindurch.

→ TANZRITUALE GEHÖRTEN DAZU

Zu den vielen Arten von wichtigen Tänzen wie dem Bison- oder dem Geistertanz gehört auch der Hundetanz. Er wurde ausgeführt von einem Kriegerbund mit Namen »Hunde«.

Ein langer Weg aus grauer Vorzeit

Zwischen zwei riesigen Eisschilden fanden die aus Asien kommenden Jäger den Weg nach Amerika. Die Beringstraße, die heute die Kontinente Asien und Amerika trennt, war damals eine Landbrücke zwischen den Erdteilen.

Zum ersten Mal wird auch der Anführer der Gruppe unsicher. Schon seit Tagen hat er die zweifelnden Blicke seiner Leute im Rücken gespürt. Die breite Tierspur, der sie folgen, hätte schon längst dahin führen müssen, wo die Sonne mittags am höchsten steht. Er war sich so sicher gewesen: Die Tiere würden wissen, was sie tun, wenn sie diese lange Wanderung unternehmen …

Er und seine Gruppe mussten einfach den Tieren vertrauen. Aber die Spur führt seit Tagen unerbittlich in Richtung der aufgehenden Sonne. Als es ihnen am nächsten Tag gelingt, einen riesigen Elch zu erlegen, wissen sie, dass sie noch nicht verloren sind. Und dann, wenige Tage später, wendet sich die Spur der immer wärmer scheinenden Mittagssonne entgegen. Was niemand der Gruppe ahnen kann: Über eine Landbrücke sind sie von einem Kontinent zu einem anderen gewandert. Sie sind die wahren Entdecker Amerikas!

→ KOLUMBUS ENTDECKT AMERIKA?

So theatralisch wie sich der Maler das ausgedacht hat, war es in Wirklichkeit sicherlich nicht: Christoph Kolumbus nimmt den neuen Erdteil für die spanische Krone in Besitz …

* EINE 40 KILOMETER BREITE LÜCKE

Die »Entdecker Amerikas« waren Gruppen aus Asien, die, ohne festen Wohnsitz, auf der Suche nach Nahrung den großen Herden zu folgen versuchten. In dem bis zu 1.600 Meter hohen Eiswall, der die amerikanische Küste am Pazifik abschirmte, gab es zeitweise eine etwa 40 Kilometer breite Lücke. Diese Lücke hatten die Jäger aus Sibirien gefunden. Das ist unvorstellbar lange her – vor wohl etwa 28.000 Jahren. Über viele Jahrhunderte kamen weitere Gruppen nach, wanderten weiter nach Süden, Gemeinschaften teilten sich, neue Gruppen bildeten sich. Alle diese Menschen sind die Vorfahren der Indianer. Ihren Namen verdanken sie Kolumbus, der sich gründlich irrte, als er Jahrtausende später in Amerika an Land ging. Er war sich nämlich sicher, in Indien gelandet zu sein. Klar, dass die Einwohner »Indianer« genannt wurden. Aber das ist ebenso falsch wie die Behauptung, Kolumbus habe Amerika entdeckt.

In hundert Zungen reden

Überrascht starren sich der ältere Schwarzfuß-Krieger und der junge Lakota-Sioux an: Beide sind sie zur gleichen Zeit aus verschiedenen Richtungen aus dem dichten Wald auf die kleine Lichtung getreten. Wegen des starken Windes hatten sie einander nicht gehört. Instinktiv greifen die Hände zur Waffe, doch dann fällt beiden ein: Zurzeit herrscht Friede zwischen den Stämmen. Und dem Schwarzfuß ist es etwas peinlich, einem solch jungen Mann gegenüber so schnell zur Waffe gegriffen zu haben. Also beginnt er ein »Gespräch« …

Er kreuzt die Arme vor seiner Brust und schaut den Sioux fragend an. Der versteht sofort: Die gekreuzten Arme bedeuten »Winter«, der fragende Blick: »Wie viele Winter?«. Ganz klar, der ältere Krieger fragt ihn, wie alt er ist. Die Männer können sich nur in Zeichensprache untereinander verständigen. Denn obwohl sie sehr ähnliche Lebensweisen haben und auch ihre Religion sehr ähnlich ist, sind ihre Sprachen doch völlig verschieden.

BUNTE SPRACHVIELFALT

Ein unübersehbares Sprachengewirr: Jede Farbe auf dieser Karte Nordamerikas zeigt eine andere Sprache an.

Großes Bild: James W. Schultz, Autor zahlreicher Indianergeschichten, sprach sechs verschiedene Indianersprachen und beherrschte die stammesübergreifende Zeichensprache der nordamerikanischen Indianer. Dieser Fähigkeit verdankte er seine umfassende Kenntnis über das Leben der Indianer.

* 200 SPRACHEN? – 500 SPRACHEN?

Die Frage »Sprichst du indianisch?« ist ungefähr so schlau wie die Frage »Sprichst du europäisch?«. So, wie es die europäische Sprache nicht gibt, gibt es auch keine einheitliche indianische. Wie viele es nun in Nordamerika genau sind oder waren, darüber gehen die Meinungen weit auseinander. Mindestens 150 verschiedene Sprachen waren es noch vor 50 Jahren, wird behauptet. Und sogar mehr als 550 zu der Zeit, als die Weißen kamen. Und diese Sprachen unterscheiden sich nicht weniger untereinander als Deutsch, Japanisch oder Arabisch. Der Grund dafür ist sicherlich die über Jahrtausende erfolgte Besiedelung Nordamerikas durch Jäger aus Asien. Und von Stämmen, die sich niedergelassen hatten, spalteten sich Gruppen ab, zogen weiter und entwickelten mit der Zeit eigene Dialekte. Neue Einwanderer ließen sich nieder und übernahmen die Lebensweise der schon länger dort Ansässigen – behielten aber ihre alte Sprache. So konnten Stämme in Nachbarschaft leben, die gleich gekleidet waren, gleiche Behausungen hatten, die gleichen Tänze tanzten – sich über ihre Sprachen aber nicht verständigen konnten.

* ZEICHENSPRACHE

Um sich trotzdem miteinander verständigen und zum Beispiel Handel treiben zu können, entwickelte sich bei den Indianern Nordamerikas eine äußerst praktische »stumme« Sprache: die Zeichensprache. Im Grunde funktioniert sie so wie die Gebärdensprache der Gehörlosen. Und so wie Gehörlose mit Hilfe der Gebärdensprache zum Beispiel die Nachrichten im Fernsehen »hören« können, waren die Indianer in der Lage, selbst schwierige Vertragsverhandlungen in dieser Zeichensprache zu führen. Mit ungefähr 400 Zeichen (Gebärden) konnten über 1.000 Wörter zum Ausdruck gebracht werden.

→ RAUCHZEICHEN

Für die weißen Siedler waren sie oft ein Zeichen des Schreckens: Rauchzeichen am Horizont. Jetzt wussten sie, dass Indianer ihren Weg begleiteten und sie verfolgten. Aber sie wussten nie, wann der Feind angreifen würde.

* SIGNALSPRACHE

Die Übermittlung von Signalen durch Rauchzeichen ist keine Erfindung von Filmemachern, sondern war eine sehr erfolgreiche Methode der Indianer, weit entfernten Gruppen Informationen zu übermitteln. Das Prinzip glich dem des Morsealphabets – kurze und längere Zeichen wechselten sich ab. Das funktionierte auch nachts: Ein Feuer auf einem hohem Berg wurde kurz abgedeckt, dann sah man es wieder brennen, dann wurde es abgedeckt, länger oder kürzer. Am Tag bei Sonnenlicht ging diese Nachrichtenübermittlung auch mit einem Spiegel, den man in bestimmten Abständen aufblitzen ließ.

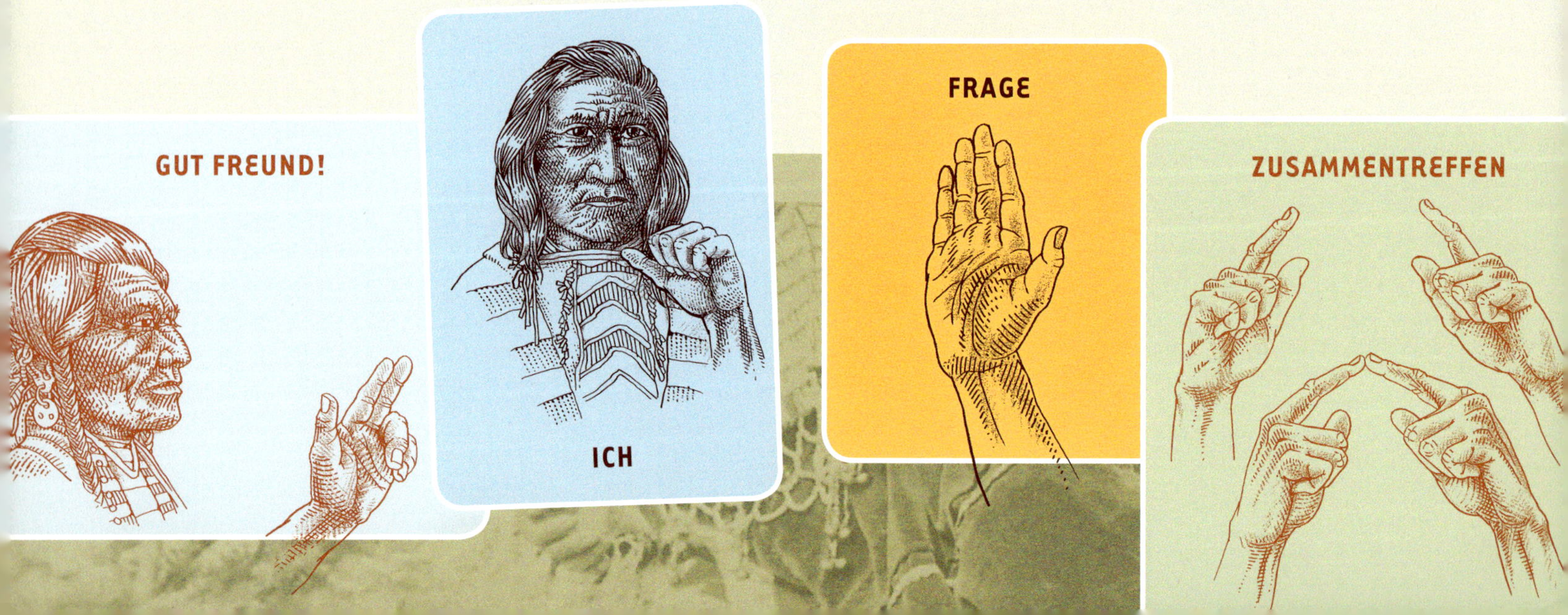

Namen

Frauen behielten ihren Taufnamen meist ihr Leben lang. Ihre Namen klangen oft besonders schön – passend zu ihrer Bedeutung: Abedabun (Cheyenne): Anbruch des Tages; Adsila (Cherokee): Blüte; Chumani (Sioux): Tautropfen; Kimama (Shoshone): Schmetterling; Soyala (Hopi): Zeit der Wintersonnenwende.

Kimama = Schmetterling

Jungen bekamen meist kurz nach der Geburt vom Medizinmann einen Namen zugewiesen, der häufig mit Ereignissen am Tag der Geburt zu tun hatte. Aber anders als bei den Mädchen wechselten die Jungen zu Beginn ihrer Kriegerlaufbahn häufig ihren Namen, die von besonderen Heldentaten, Traumerscheinungen und Ähnlichem beeinflusst waren. Sitting Bull etwa bekam seinen Namen, weil er im Alter von nur neun Jahren einen Bisonbullen erlegte, der sich kurz vor dem Verenden auf seine Hinterläufe setzte.

Wie sie wohnten

Wie Menschen wohnen, hängt natürlich auch von der Umgebung und ihren Rohstoffen ab. Bauernhäuser in den Alpen sehen anders aus als Fischerhäuser am Meer. Nicht anders war es bei den Indianern: Wo es genug Wald gab, baute man sich Holzhütten, war Lehm vorhanden, entstanden Lehmhäuser, und auf den unendlichen Weiten der Prärie waren es die Bisonfelle und einige Stangen, aus denen man Tipis errichten konnte.

Wichtig war aber auch, wie man lebte. Brach der Stamm alle paar Wochen in andere Jagdgründe auf, kam nur eine Behausung in Frage, die man mit auf die Reise nehmen konnte. Lebte man jedoch als Ackerbauer fest an einem Platz, machte ein massives Haus Sinn. Wichtig war auch das Klima: Eine im heißen Süden ausreichende Laubhütte hätte im Winter im eisigen Norden den sicheren Tod bedeutet.

1

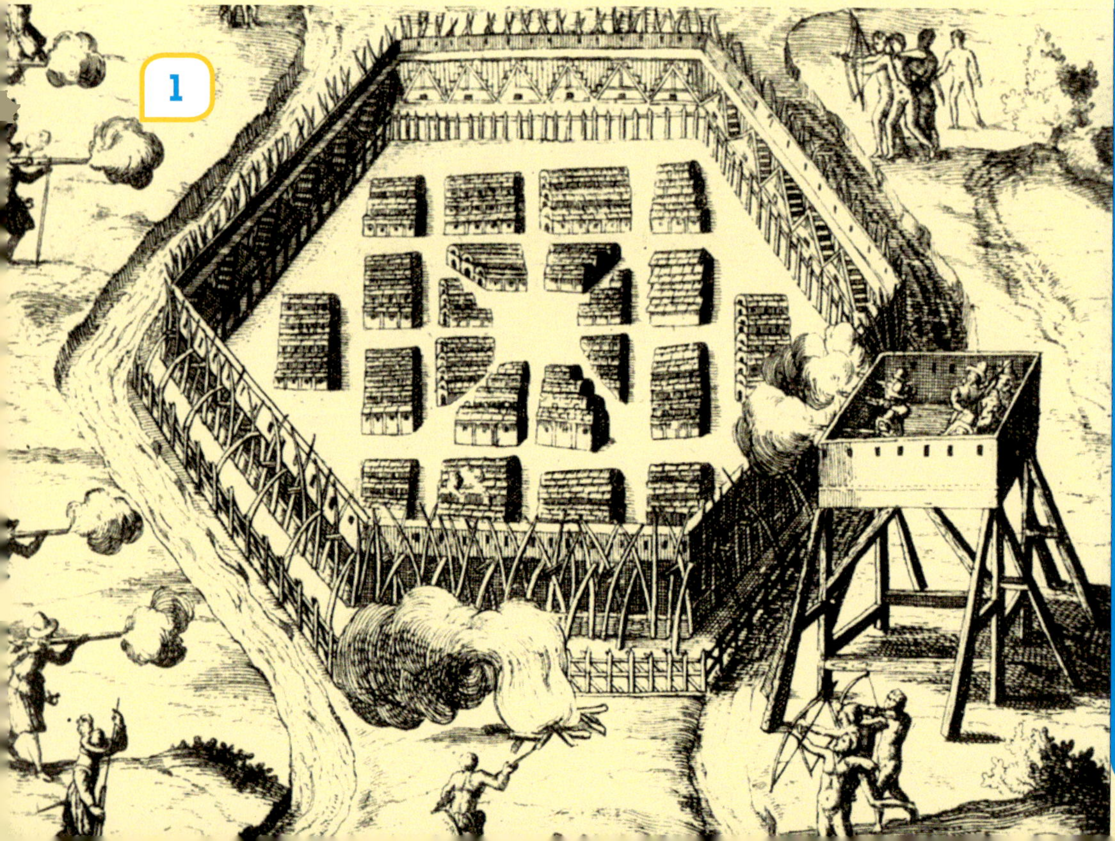

1 *Mit Palisaden befestigtes Dorf der Irokesen. Der Belagerungsturm vorne rechts entspringt allerdings der Phantasie des Künstlers.*

2 *Typische Holzhäuser des Nordwestens mit Totempfählen davor.*

3 *Hütte eines Häuptlings vom Stamme der Mandan von innen. Die Mandan lebten an den Ufern des Missouri und betrieben Ackerbau.*

4 *Langhaus der Oneidas, eine der »fünf Nationen« der Irokesen.*

5 *Navajos vor ihrem mit Grassoden bedeckten Haus, einem Hogan (sprich: Hu-Gahn).*

6 *Sogenanntes Wickiup der Apachen. Diese Behausung war aus einfachsten Materialien schnell auf- oder abzubauen.*

7 *Dieses Wigwam der Apachen wurde gebaut, wenn man vorhatte, länger an einem Ort zu bleiben.*

8 *Das typische Tipi der Prärie-Indianer, allerdings in seiner modernen Form: Die Zeltbahnen sind aus Stoff, nicht aus Büffelhäuten.*

9 *Im Südwesten, wie hier im heutigen Bundesstaat New Mexico, lebten die Indianer auch in Höhlenwohnungen.*

10 *Tipis konnten auch ganz aus dünnen Baumstämmen und Zweigen gebaut werden.*

2

3

4

5

6

7

8

9

10

Aufwachsen in Freiheit

Gelassen beobachten die erwachsenen Indianer, wie das Kind, das gerade erst zu laufen gelernt hat, immer näher an das Lagerfeuer herantapst. Wird das nicht langsam gefährlich? Greift denn keiner der Erwachsenen ein? Das kann doch nicht gut gehen! Und schon ist es passiert: Ein Schritt zu weit und das Kind tritt in die rote Glut und schreit vor Schmerz auf. Tröstend nimmt der Vater es in die Arme. Warum hat niemand vorher eingegriffen?

* KLEINE MENSCHEN

In den meisten Indianersprachen gibt es kein Wort für »Kind«. Kinder – das sind »die kleinen Menschen«, also akzeptierte Mitglieder des Stammes, keine doofen Kleinen. Anstatt den Kindern Befehle zu geben, bitten die Eltern darum, etwas zu tun. Kaum einmal werden die Kinder angeschrieen oder gar geschlagen. »Zuhause werden die kleinen Menschen von ihren Verwandten wie von einer warmen Decke umhüllt. Die Eltern, Großeltern, Onkel, Tanten, älteren Geschwister und Vettern und Kusinen sind immer um sie rum, spielen mit ihnen oder hören zu, was sie Wichtiges zu erzählen haben. Sie haben genauso ihre Rechte wie die Erwachsenen.« (Lame Deer)

Eine Ausnahme gab es allerdings: Die meisten Indianerstämme akzeptierten es keineswegs, wenn die kleinen Kinder schrieen. Der Grund ist klar: Es konnte immer eine Situation entstehen, in der ein schreiendes Kind die Aufmerksamkeit von Feinden erregen konnte.

* ERFAHRUNGEN MACHEN

Die Erziehungsmethoden der Weißen beurteilten die Indianer mit Verachtung. So meinte eine Frau der Sioux: »Weiße Eltern sind keine guten Eltern. Einerseits verwöhnen sie ihre Kinder, machen ihnen alles leicht, so dass es lange dauert, bis die jungen Leute erwachsen sind. Andererseits schlagen sie ihre Kinder und schreien sie an.« Aber warum ließen die Indianer dann das Kind ins Feuer treten? Weil sie davon überzeugt sind, dass jeder Mensch durch eigene Erfahrungen am besten lernt: Dieser kleine Mensch wird in Zukunft nur noch sehr vorsichtig in die Nähe von Feuer gehen.

Schon bald nach der Geburt kamen Indianerbabys in weich gepolsterte Ledersäcke auf einem sogenannten Wiegenbrett. Das ließ sich bequem auf dem Rücken tragen, gegen die Zeltbahn lehnen, im Inneren des Tipis aufhängen oder am Sattel befestigen.

Sioux-Kinder kurz vor der Einschulung – einige tragen noch die traditionelle Stammestracht, andere schon die Kleidung der Weißen. Auf die Schule scheinen sie sich nicht sehr zu freuen.

Kinder vom Stamme der Cree in Tracht zum großen Powwow herausgeputzt.

Navajo: Die Großmutter hält stolz ihre Enkelin (auf einem Wiegenbrett) im Arm.

Das Ende der

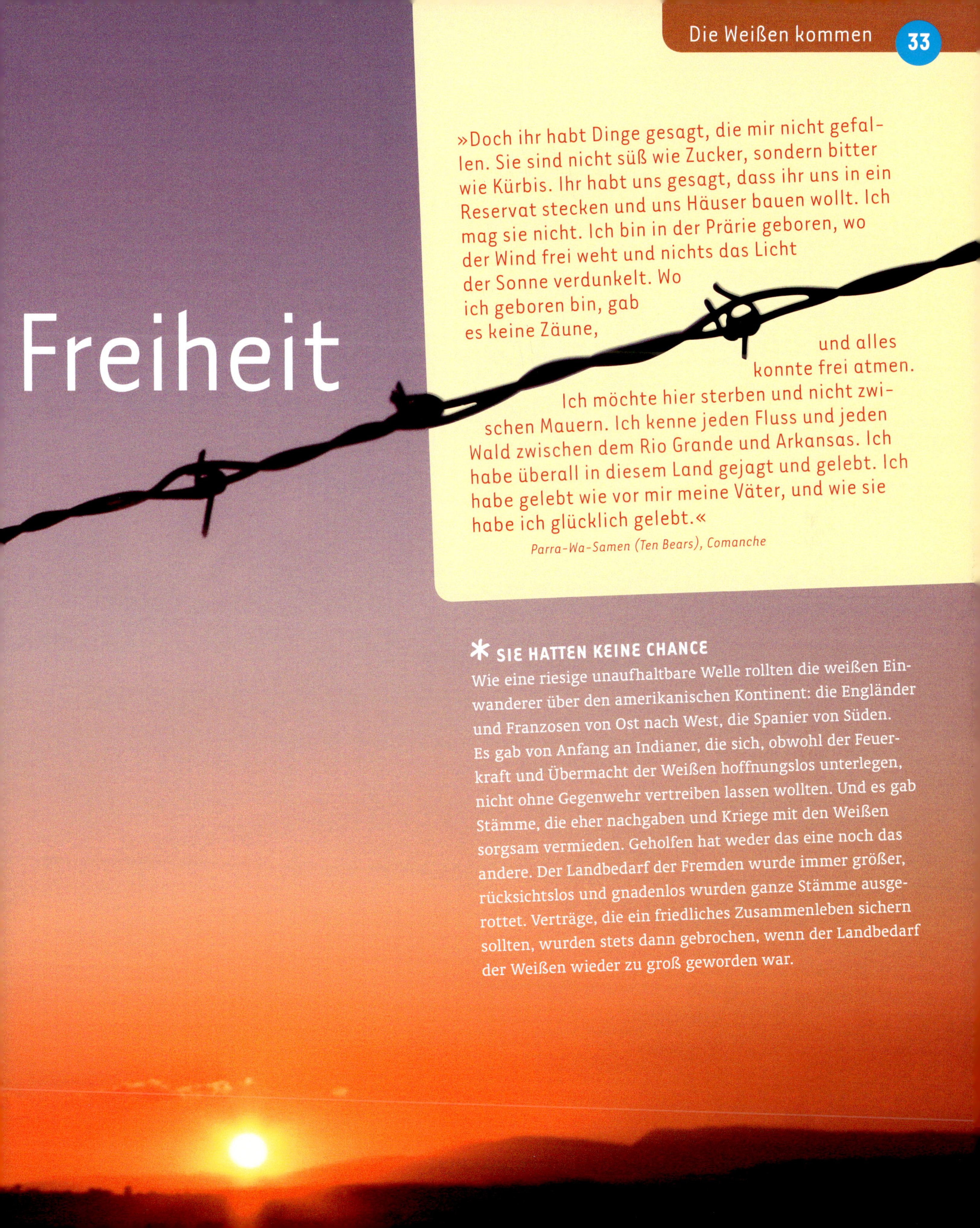

Freiheit

»Doch ihr habt Dinge gesagt, die mir nicht gefallen. Sie sind nicht süß wie Zucker, sondern bitter wie Kürbis. Ihr habt uns gesagt, dass ihr uns in ein Reservat stecken und uns Häuser bauen wollt. Ich mag sie nicht. Ich bin in der Prärie geboren, wo der Wind frei weht und nichts das Licht der Sonne verdunkelt. Wo ich geboren bin, gab es keine Zäune, und alles konnte frei atmen. Ich möchte hier sterben und nicht zwischen Mauern. Ich kenne jeden Fluss und jeden Wald zwischen dem Rio Grande und Arkansas. Ich habe überall in diesem Land gejagt und gelebt. Ich habe gelebt wie vor mir meine Väter, und wie sie habe ich glücklich gelebt.«

Parra-Wa-Samen (Ten Bears), Comanche

* SIE HATTEN KEINE CHANCE

Wie eine riesige unaufhaltbare Welle rollten die weißen Einwanderer über den amerikanischen Kontinent: die Engländer und Franzosen von Ost nach West, die Spanier von Süden. Es gab von Anfang an Indianer, die sich, obwohl der Feuerkraft und Übermacht der Weißen hoffnungslos unterlegen, nicht ohne Gegenwehr vertreiben lassen wollten. Und es gab Stämme, die eher nachgaben und Kriege mit den Weißen sorgsam vermieden. Geholfen hat weder das eine noch das andere. Der Landbedarf der Fremden wurde immer größer, rücksichtslos und gnadenlos wurden ganze Stämme ausgerottet. Verträge, die ein friedliches Zusammenleben sichern sollten, wurden stets dann gebrochen, wenn der Landbedarf der Weißen wieder zu groß geworden war.

WER IST HIER BÖSE? WER IST GUT?

»Nur ein toter Indianer ist ein guter Indianer.« Dieser bei vielen Weißen gebräuchliche böse Satz entstand als leichte Abwandlung eines Gespräches zwischen dem US-General Sheridan und dem Comanchen-Häuptling Tosowi. Auf die Bemerkung des Comanschen »Ich bin ein guter Indianer« antwortete der weiße General: »Die einzigen guten Indianer, die ich gesehen habe, sind schon tot.«

Tom Torleno beim Eintritt in die Carlisle-Schule in Pennsylvanien, und wie er drei Jahre später aussah. Carlisle wurde 1879 von der Regierung gegründet, um Indianer die Art des weißen Mannes zu lehren.

* UMSIEDLUNG UND VERNICHTUNG

Was dann geschah, folgte immer dem gleichen Muster: Die Indianer hatten auf Grund ihrer Unterlegenheit auf Dauer keine Chance, die bewaffneten Auseinandersetzungen für sich zu entscheiden. Was folgte, war im »besten« Falle Umsiedlung in Gegenden, die wüst und leer waren und viel zu unfruchtbar, um für die Weißen von Interesse zu sein. Im schlimmsten Falle führte die Niederlage des Stammes zu seiner Vernichtung, auch Frauen und Kinder wurden erschossen. Dass es nicht nur um das Land der Indianer ging, sondern häufig schlichtweg darum, sie zu vernichten, zeigen das Abschlachten der Bisons, der Lebensgrundlage der Prärie-Indianer, und die Aussetzung von Skalp-Prämien. Für jeden getöteten Indianer, nachgewiesen durch Vorlage seines Skalps, wurde bestimmter Geldbetrag bezahlt.

Indianer heute, in der Nähe des Canyon de Chelly

* BLACK HILLS

Die Sioux fühlten sich sicher. Immerhin hatten sie 1868 mit der amerikanischen Regierung den Friedensvertrag von Fort Laramie geschlossen. Er sicherte ihnen »auf ewige Zeiten« das Recht auf ein friedliches Leben in einem Gebiet im Süden des heutigen US-Staates Montana zu: »Es ist keiner weißen Person gestattet, sich in irgendeinem Teil des Territoriums anzusiedeln oder niederzulassen oder dasselbe ohne Einwilligung der Indianer zu passieren.«

General Custer: Er starb mit all seinen Soldaten in der Schlacht am Little Bighorn. Einer seiner Gegner war Häuptling Crazy Horse, der seine Leute mit folgenden Worten in den Kampf schickte: »Es ist ein guter Tag zum Kämpfen! Es ist ein guter Tag zum Sterben!«

Diese Gegend ist für die Indianer von hohem Wert, denn hier liegen die Black Hills, die heiligen Berge der Sioux. Hierher zogen die Krieger, um mit dem Großen Geist zu sprechen oder Visionen zu haben. Bald aber ging unter den Weißen das Gerücht um, in den Black Hills sei Gold zu finden. Schnell drängten immer mehr goldgierige Weiße in die Black Hills. Die Sioux konnten diesen Rechtsbruch und die Entweihung ihrer heiligen Berge nicht hinnehmen: Sie töteten oder verjagten die Eindringlinge.

Aus dem Fels der Black Hills gemeißelter Kopf des großen Sioux-Führers Crazy Horse

Schließlich entsandte 1874 die Regierung der USA eine Expedition der Armee, die in der unruhigen Region nach dem Rechten sehen sollte. Es kam, wie es zu erwarten war: Ohne die Indianer auch nur um Erlaubnis zu fragen, drang eine 1.000 Mann starke Einheit der Armee unter Führung von General Custer in das Gebiet der Black Hills ein.

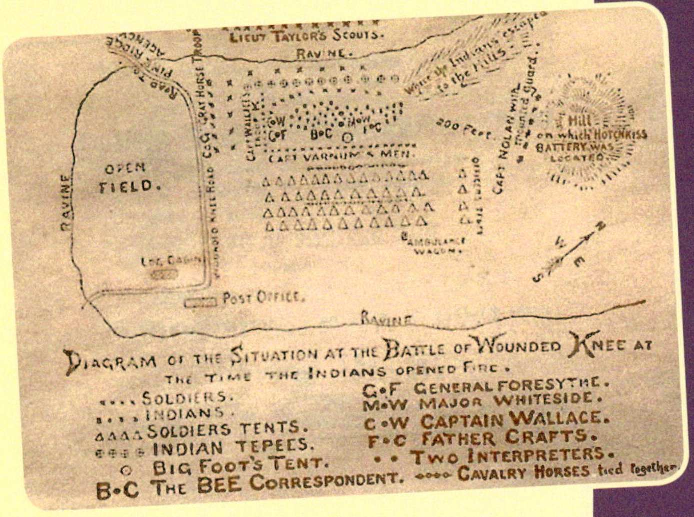

Zeitgenössische Darstellung der »Schlachtaufstellung« beziehungsweise der feindlichen »Stellungen« am Wounded Knee zu dem Zeitpunkt, als die Indianer angeblich »das Feuer eröffneten«. Die Beschriftung legt Wert darauf, das Geschehen am Wounded Knee nicht als Massaker, sondern als Kampfhandlung darzustellen.

→ WOZU DIENTEN DIE FORTS?

Um den westwärts ziehenden Siedlern Schutz vor den Indianern zu bieten, wurden sogenannte »Forts« gebaut, in denen Soldaten stationiert waren. Die Abbildung zeigt das berühmte Fort Laramie.

* LITTLE BIGHORN

Die Indianer waren empört. Und ihre Empörung wuchs noch, als ein Abgesandter der amerikanischen Regierung, auf dessen Hilfe sie gehofft hatten, ihnen nichts weiter anzubieten hatte als ein anderes Gebiet. Die weißen Goldgräber, so der Abgesandte, wären von der Regierung nicht mehr zu kontrollieren und könnten nicht aus den Black Mountains vertrieben werden. Die Indianer begriffen: Die Armee würde nicht ihnen, sondern den Goldgräbern helfen. Als dann noch eine Abteilung von Soldaten ein Indianerdorf überfiel und Frauen und Kinder erschoss, entschlossen sich die Indianer zum Kampf.

Am 25. Juni 1876 schlugen die vereinigten Stämme der Sioux, Cheyenne und Arapahoes unter Führung von Sitting Bull und Crazy Horse ein US-Reiterregiment unter General Custer vernichtend. 225 Soldaten waren tot, Gefangene machten die Indianer nicht. Dieser Sieg am Little Bighorn sollte der letzte große Sieg der Indianer gewesen sein.

* WOUNDED KNEE

Ein kleiner Fluss in dem Bundesstaat South Dakota ist der Namensgeber eines der schrecklichsten Massakers an Indianern: Wounded Knee. Es war nicht die letzte Niederlage von Indianern im Kampf gegen die Weißen, aber es war wohl die entscheidende.

Dabei kann von einer »Niederlage im Kampf« kaum gesprochen werden. Hatten die 120 umzingelten Sioux-Krieger mit ihren 230 Frauen und Kindern überhaupt eine Chance gehabt gegen jene 500 mit Geschützen ausgerüsteten Soldaten? Passiert war Folgendes: Am 29. Dezember 1890 war eine große Gruppe von Miniconjou-Sioux unter ihrem Häuptling Big Foot auf ihrem Weg zum Oglala-Häuptling Red Cloud. 200 Kilometer hatten sie schon zurückgelegt. Big Foot, der an einer schweren Lungenentzündung erkrankt war, wurde auf einem offenen Wagen mit-

Sitting Bull, Häuptling der Lakota-Sioux, zusammen mit Crazy Horse der große Sieger am Little Bighorn. Seine Überzeugung war: »Besser im Kampf aufrecht sterben als in der Knechtschaft auf den Knien leben.«

Häuptling Big Foot, eines der Opfer am Wounded Knee.

genommen. Am Wounded Knee wurden die Indianer umzingelt und zur Herausgabe ihrer Waffen aufgefordert. Ob einer der Indianer den Befehl nicht verstanden hatte oder ihn nicht befolgen wollte – jedenfalls löste sich ein Schuss aus seinem Gewehr, was die nervösen Soldaten dazu brachte, sofort das Feuer zu eröffnen. 153 Indianer, Krieger, Frauen und Kinder, wurden erschossen, 50 verwundet.

Der Journalist Thomas H. Tibbes war Augenzeuge des Geschehens. In seiner Zeitschrift »World Herald« schrieb er: »Obwohl der eigentliche Angriff nur etwa zwanzig Minuten dauerte, waren noch ein oder zwei Stunden lang immer wieder Schüsse zu hören – immer dann, wenn die Soldaten ein Lebenszeichen sahen. Indianerfrauen und ihre Kinder flüchteten in die Schlucht nach Süden, und einge rannten weiter über die Prärie, aber die Soldaten verfolgten sie und schossen sie unbarmherzig nieder.«

»Ich wusste damals nicht, wie viel zu Ende ging. Wenn ich heute von dem hohen Berg meines Alters zurückblicke, kann ich die niedergemetzelten Frauen und Kinder verstreut und in Haufen entlang der gewundenen Schlucht so deutlich liegen sehen, wie ich sie sah, als meine Augen noch jung waren. Ich kann sehen, dass noch etwas anderes dort in dem blutigen Schlamm starb und vom Schnee begraben wurde. Eines Volkes Traum ist dort gestorben. Es war ein schöner Traum.«
Black Elk, Oglala-Sioux

Foto der Toten vom Wounded Knee. Die Leichen der getöteten Frauen und Kinder wurden aus dem Bild herausretuschiert, um die Öffentlichkeit zu täuschen.

Der Pfahl im Fleisch der Algonkin*

Der Arbeiter geht so gelassen und sicher über den nur eine Hand breiten Stahlträger, als würde er unten auf der Straße einen Schaufensterbummel machen. »Unten auf der Straße« heißt: 150 Meter unter ihm. Der Bauarbeiter ist ein Indianer. Er kommt vom Stamm der Mohawks, einem Irokesen-Stamm. Mohawks sind gesuchte Arbeiter beim Bau von Wolkenkratzern: Sie kennen keine Höhenangst.

** Der Name Algonkin bezeichnet zum einen eine der größeren indianischen Sprachfamilien, zum anderen aber auch mehrere Indianerstämme des Nordostens Nordamerikas. Sie waren mit die ersten, die mit den Weißen in Kontakt kamen.*

* DIE SECHS NATIONEN

1650 schlossen fünf irokesische Dialekte sprechende Stämme den »Großen Frieden« und taten sich zum Bund der fünf Nationen zusammen. Später kamen als sechste Nation die Tuscarora dazu. Dieser Bund hatte vor allem zwei Ziele: Frieden nach innen und Krieg nach außen. Die **Irokesen** fühlten sich von feindlichen Stämmen umzingelt und erkannten, dass sie die kriegerischen Auseinandersetzungen untereinander beenden und sich gemeinsam gegen Gefahren von außen wenden mussten. Was als Schutz vor Bedrohung gedacht war, erwies sich allerdings als so erfolgreich, dass bald Angriffskriege geführt wurden zur Ausweitung der eigenen Macht und zur Venichtung anderer Stämme.

* DAS SCHICKSAL DER GEFANGENEN

Als Erste mussten die **Huronen** daran glauben: In einem erbittert geführten Krieg wurden sie praktisch ausgelöscht. Dann weiteten die sechs Nationen ihren Herrschaftsbereich in dauernden Kämpfen so aus, dass die von den Algonkin beherrschten Gebiete in zwei Teile zerfielen: im Osten die **Küsten-Algonkin**, im Westen in Richtung der Großen Seen die **Zentral-Algonkin**. Nach jedem Sieg wurden Gruppen von Gefangenen in die irokesischen Dörfer getrieben. Weibliche und ältere männliche Gefangene wurden oft als Sklaven gehalten, Kinder meist adoptiert. Brauchte der Stamm keinen Nachschub an Kriegern, wurden die gefangenen feindlichen Krieger mit unvorstellbarer Grausamkeit zu Tode gemartert, manchmal sogar aufgegessen.

Den Irokesenschnitt gab es wirklich; »Erfinder« waren aber die Wyandot am Huronsee. Von ihnen übernahmen die irokesischen Mohawks diese Haartracht. Auf Englisch heißt der Irokesenschnitt deshalb »mohawk hairdo« = Mohawkschnitt.

Mit wunderschönen Blumenmustern verziertes Wiegenbrett der Irokesen

Holz war der unerschöpfliche Rohstoff der Irokesen. »Langhäuser« mit über 40 Metern Länge und weit über 20 Bewohnern (gelegentlich mehr als 100) waren keine Seltenheit. Die Dörfer waren durch Palisadenzäune geschützt. Die fruchtbaren Felder außerhalb gehörten den Frauen, die sie allerdings auch bewirtschaften mussten. Den Männern blieb genug Zeit zum Kriegführen. Die Irokesen unterhielten als einziges indianisches Volk ein stehendes Heer, das erst gegen die Franzosen, dann gegen die Amerikaner erbitterten Widerstand leistete.

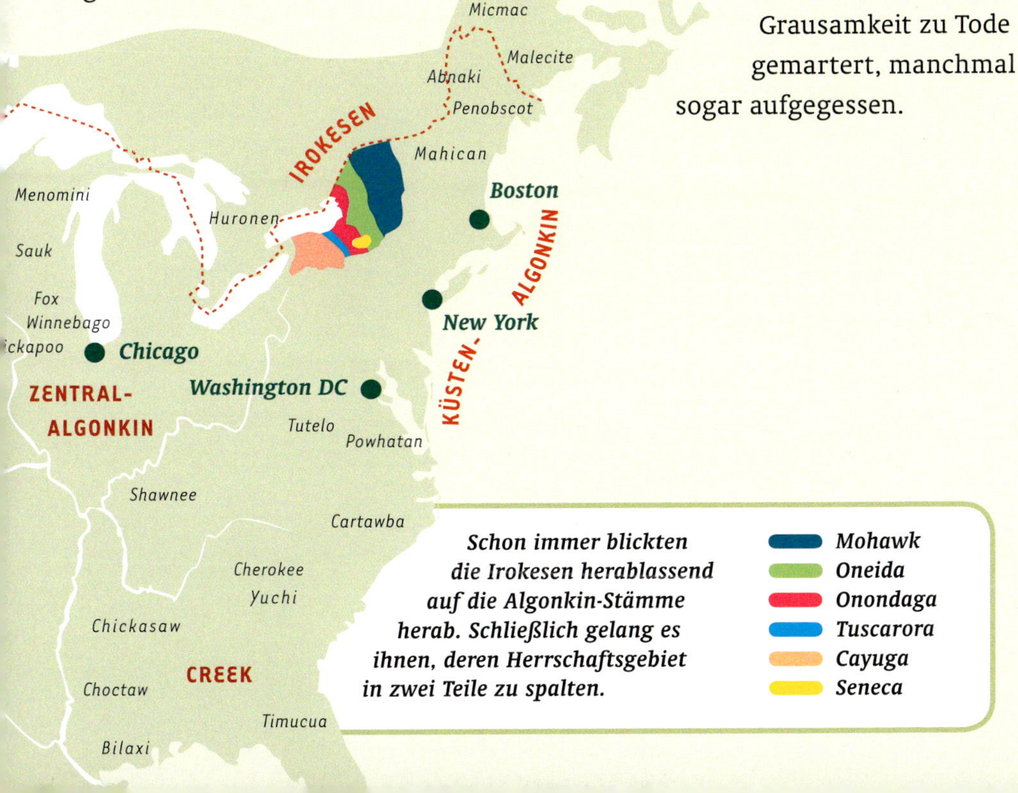

Schon immer blickten die Irokesen herablassend auf die Algonkin-Stämme herab. Schließlich gelang es ihnen, deren Herrschaftsgebiet in zwei Teile zu spalten.

Die Macht der »Geisterhunde«

»Ich bin ohne Zögern bereit, die Comanchen als die außergewöhnlichsten Reiter zu bezeichnen, die ich bisher auf meinen Reisen gesehen habe, und ich bezweifele sehr, dass sie von irgendeinem Volk auf der Welt übertroffen werden können. Ein Comanche zu Fuß ist außerhalb seines Elementes und fast so unbeholfen wie ein Affe auf dem Boden, wo er sich nicht an Äste klammern kann; sobald er jedoch sein Pferd zu fassen bekommt, wird sein Gesicht schön, und er fliegt wie ein gänzlich anderes Wesen elegant davon.«

George Catlin, Indianermaler, 1834

SPANISCHE EXPEDITION

Expedition unter Führung von Francisco Vasquez de Coronado: Den Spaniern ging es nicht um Forschung, nicht um Landnahme, sie suchten Gold – und brachten Pferde …

Das Gemälde von Norman Price zeigt Vásquez de Coronado, der durch seine Expedition Pferde in die Neue Welt brachte.

* DIE RÜCKKEHR DER GEISTERHUNDE

Funde aus grauer Vorzeit beweisen es: Es muss einmal Pferde auf dem nordamerikanischen Kontinent gegeben haben. Aber als die Spanier um 1530 im Süden Nordamerikas mit ihren Pferden an Land gingen, waren die Urpferde längst ausgestorben. Offenbar waren die Vorfahren der Indianer nicht in der Lage, sie zu zähmen. Allerdings kam Pferdefleisch sehr wohl als Nahrungsmittel in Betracht und irgendwann war es dann so weit, dass die Pferde ausgerottet waren. Die Indianer des Südens waren von den Tieren der Spanier tief beeindruckt. Sie hielten sie für große, grasfressende Hunde. Das lag auch nahe, denn offensichtlich hielten die Spanier diese Tiere als Haustiere – und als solche kannten die Indianer nur die Hunde. Dennoch, vielen Indianern waren diese Tiere unheimlich; sie nannten sie »Geisterhunde«.

* PFERDEKENNER: COMANCHEN UND NEZ PERCÉ

Es dauerte allerdings lange, bis die Indianer an Pferde herankamen und diese sich langsam, aber sicher auch nach Norden ausbreiteten. Die Spanier waren nämlich keineswegs gewillt, den Indianern Pferde zu schenken. Sie konnten sich sehr gut vorstellen, dass Indianer mit Pferden zu sehr viel gefährlicheren Gegnern werden konnten als unberittene. Aber die Spanier beschäftigten auf ihren Ranchen auch Indianer – und dort lernten diese das Reiten. Kein Zweifel auch, dass, wann immer möglich, auch Pferde gestohlen wurden. Bei größeren Expeditionen, wie sie der Spanier Francisco Vasquez de Coronado mit mehr als 1.300 Pferden und Maultieren bis tief ins heutige Kansas unternahm, gingen immer auch Tiere verloren, die sich dann in den menschenleeren Gebieten als Wildpferde prächtig vermehren konnten. Das Volk, das als erstes den riesigen Vorteil, Pferde zu besitzen, für sich nutzte, waren die Comanchen (siehe Kapitel »Überleben im heißen Süden« auf Seite 53). Richtige Pferdezucht betrieben die Nez Percé (siehe Seite 42).

Selbst heute noch streifen wilde Mustangs durch entlegene Gegenden Nordamerikas. Sie alle sind Nachkommen von einst von den Spaniern nach Amerika gebrachten und später verwilderten Pferden.

Die Hunde der Indianer, die eher wie große Wölfe aussahen, konnten gut 20 Kilogramm Gewicht auf ihrem Rücken tragen oder etwa 35 Kilogramm mit einem Travois, einem Schleppgestell, hinter sich herziehen. Ein Pferd dagegen konnte 90 Kilogramm schwere Lasten tragen und 135 Kilogramm auf dem Travois hinter sich herziehen. Wenn ein Lager verlegt werden musste, schaffte man mit Hunden acht oder zehn Kilometer am Tag, mit Pferden aber 15 bis 20 Kilometer.

A PALOUSE HORSE

Die Rasse, die die Nez Percé züchteten, waren die heute vor allem in den USA und in Europa beliebten und geschätzten Appaloosas. Der Name leitet sich angeblich von einem der wunderschönen Flusstäler her, in denen die Nez Percé lebten, dem Palouse-Tal. So bezeichnete man ein Pferd von ihnen auf Englisch als »a palouse horse«, also als ein Pferd aus dem Palouse-Tal.

Das Ende der Pferdezüchter

»Ihre Pferde scheinen von ausgezeichneter Rasse zu sein, groß, elegant gebaut, lebhaft und ausdauernd; viele von ihnen erinnern an englische Rennpferde; manche von ihnen sind Schecken, bei denen große weiße Flecken ungleichmäßig mit einem Kastanienbraun vermischt sind.«

Meriwether Lewis, 1805

Carla High Eagle mit ihren Kindern auf ihrem Pferd: Heute gibt es weltweit wieder mehr als eine halbe Million Appaloosas. Laien erkennen sie am besten an ihrem gescheckten Fell und der gefleckten Haut an den Nüstern und um die Augen.

Meriwether Lewis und William Clark auf ihrem Weg zum Pazifik. Wie die Shoshonen halfen ihnen auch die Nez Percé weiter.

Jahr für Jahr erinnern die Nez Percé mit einem Stammesritt zu den Bear Paw Mountains in Montana an die große und dramatisch endende Flucht ihrer Vorfahren.

* DIE DURCHBOHRTEN NASEN

Die Offiziere M. Lewis und W. Clark hatten einen Auftrag und ein Ziel: Als erste Menschen vom Missouri aus den ganzen amerikanischen Kontinent bis zum Pazifik zu durchqueren. Es gelang ihnen, nicht zuletzt mit Hilfe des freundlichen Indianerstammes der Nez Percé, von denen sie Pferde erhielten. Ihren von französischen Trappern erhaltenen Namen verdankte dieses Volk der Mode, Ringe in der Nase zu tragen (nez percés = durchbohrte Nasen). Nicht ganz zu Recht übrigens: Die Nasenringe trugen nur wenige Männer, das war beim Nachbarstamm, den Chinooks, viel mehr in Mode. Die Nez Perce (ohne Akzent geschrieben), wie sie heute heißen (allerdings amerikanisch »näss pörssi« ausgesprochen), waren die erfolgreichsten Pferdezüchter unter den Indianern.

* AUF DER FLUCHT

1877: Elf Wochen sind sie schon auf der Flucht, über 2.000 Kilometer haben sie zurückgelegt: die 450 Nez Percé-Indianer, davon 300 Frauen, Greise und Kinder. Ihr Häuptling, Chief Joseph, der immer den Frieden gepredigt hatte und dann doch zum Krieg gezwungen worden war, hat sich als genialer Feldherr erwiesen und die Armee unter General Howard eins ums andere Mal in die Irre geführt oder ist ihr knapp entkommen:

→ 17. Juni, White Bird Canyon. Eine Armeeeinheit unter Captain Perry wird geschlagen, Waffen werden erbeutet.

→ 11. Juli, Clearwater River. General Howard greift das Lager der Indianer an, der Kampf dauert zwei Tage, dann ziehen sich die Nez Percé zurück.

→ 9. August, Big Hole. Wieder wird das Indianerlager überfallen, viele Frauen und Kinder, darunter die Frau von Chief Joseph mit dem Neugeborenen, werden getötet, aber die Armee erleidet schwerste Verluste.

→ 13. September, Canyon Creek. Der Angriff der Armee unter Colonel Sturgis wird, trotz Unterstützung durch Crow-Indianer, zurückgeschlagen.

* DER KAMPF IN DEN BEAR PAW MOUNTAINS

Es ist Anfang Okober 1877. Chief Joseph und sein Stamm lagern am Fuß der Bear Paw Mountains. Sie haben viele Tote zu beklagen und fast alle ihre Appaloosas verloren. Aber die rettende kanadische Grenze ist keine 60 Kilometer weit entfernt – was ist das schon, nach einer Flucht, die sie über 2.000

»Wir waren wie Rehe; die Weißen waren wie Grizzlybären. Wir lebten in einem kleinen Land. Ihr Land war groß. Wir waren zufrieden damit, die Dinge so zu belassen, wie sie von Gott geschaffen wurden. Die Weißen waren nie zufrieden, und sie würden Flüsse und Berge verändern, wenn diese ihnen nicht passen würden, wie sie sind.« Chief Joseph

Kilometer geführt hat? In Kanada werden sie in Sicherheit sein, dort werden Verträge mit den Indianern eingehalten. Die Armee unter General Howard ist geschwächt, das wissen die Nez Percé, also sind sie zuversichtlich. Was sie nicht ahnen können ist, dass Colonel Miles mit frischen Armeekräften von Fort Keogh nach Eilmärschen den Bear Paw Mountains schon sehr nahe gekommen ist. Als er eintrifft, sind die Nez Percé überrascht. Die Schlacht dauert fünf Tage, dann kapitulieren die Indianer. Für die Überlebenden bleibt nur der Weg ins Reservat. Nie mehr sollen sie ihre geliebten heimatlichen Täler wiedersehen. Als ihr Häuptling 1904 im Colville Reservat stirbt, schreibt der Arzt in den Totenschein: »Chief Joseph starb an gebrochenem Herzen.«

Totempfahl und Adlermaske

→ TOTEMPFÄHLE

Eigentlich müssten sie ja »Wappenpfähle« heißen, denn sie zeigen das Wappen einer Familie. Ein Totem ist eher ein Wesen oder Geist, von dem eine Person oder Gruppe abstammt. Mit den Marterpfählen der Indianer im Nordosten (z. B. Irokesen) haben sie nichts zu tun.

Die Zuschauer halten den Atem an – dann ein Aufschrei: Mit herrischer Geste wirft der Häuptling des Dorfes den im Sonnenlicht funkelnden Pelz eines Silberfuchses über die Klippe ins Meer. Was für eine Herausforderung für den Häuptling des anderen Dorfes! Doch der schnauft nur verächtlich, greift nach der in Hunderten von Stunden entstandenen, kostbaren Schnitzerei aus Holz – und wirft sie ins Feuer. Schnell vernichten die Flammen ein wunderbares Beispiel höchster Handwerkskunst.

* TLINGIT, HAIDA, KWAKIUTL

Wir sind im Nordwesten des amerikanischen Kontinents – nicht weit entfernt von dem Ort, wo heute die große kanadische Stadt Vancouver liegt. Das eigenartige Fest, das oben beschrieben wird, ist ein Potlatch. Die Namen der Indianerstämme, die hier leben, kennen nur wenige. Apachen, Sioux, Irokesen, Comanchen, Navajo: wohl jeder hat diese Namen schon einmal gehört. Wer aber kennt die Tlingit, die Haida, die Kwakiutl, die Chinook? Dabei ist keine Landschaft Amerikas so dicht besiedelt gewesen wie dieser Küstenstreifen des Nordwestens. Und nirgendwo bot die Natur solche Fülle wie in dieser Gegend: im Meer riesige Fischschwärme, Robben, Delfine, Seelöwen, Wälder voller Wild. Und diese Wälder aus Riesenzedern und Mammutbäumen waren unerschöpflich. So gab es Häuser, die 10 x 15 Meter groß waren, einige Versammlungshäuser waren gar 100 Meter lang. Hohe, kunstvoll geschnitzte und bemalte Totempfähle standen vor den Häusern und in Einbäumen wagten sich die Indianer sogar aufs offene Meer hinaus: zur Waljagd.

* POTLATCH

Kein Wunder, dass diese Indianer reich waren und Zeit genug hatten, Kunstwerke zu schnitzen und große Feste zu feiern. Am merkwürdigsten scheint uns heute der Brauch der Potlatchs zu sein. Das Wort kommt aus der Chinook-Sprache und bedeutet einfach »geben«. Es war eine Frage der Ehre, zu großen Festen wie Hochzeiten oder Übernahme der Häuptlingswürde große Geschenke zu machen – Jahre der Vorbereitung waren dazu manchmal nötig. Allerdings wurden auch Gegengeschenke erwartet. Menge und Wert der Geschenke konnten zum regelrechten Potlatch-»Kampf«, etwa unter Häuptlingen, werden. Das konnte bis zum Ruin des Unterlegenen führen.

Donnervogelmaske mit wunderschönem indianischen Namen: Kwakwaka'wakw

Tänzer vom Stamme der Tlingit beim Potlatch-Fest. Die alten Trachten werden auch heute noch zu Festen getragen.

»Totem«pfähle vor traditionellen Holzhäusern. Beliebt war vor allem das leicht zu bearbeitende Zedernholz.

Überleben

im heißen Süden

Es ist heiß im Jeep. Gnadenlos brennt die Mittagssonne auf die Touristen herab. Aber das stört sie nicht, denn sie wollen sich einen Traum erfüllen: Endlich einmal das berühmte Monument Valley in Wirklichkeit sehen – nicht nur im Fernseher, im Film oder auf Werbeplakaten! Und dann ist es so weit. Die Navajo-Führerin macht eine ausladende Armbewegung. Vor ihnen liegt ein einzigartiger Anblick: Monument Valley!

TOURISMUS ALS EINNAHMEQUELLE

Im Süden, wo es weite unfruchtbare Gebiete gibt, sind die Indianerreservate am größten. Das Geld der Touristen wird hier dringend gebraucht – und wenn es zwei Dollar für ein Foto sind.

»DIE-VORHER-DA-WAREN«

Die Cliff Dwellings waren von den Anasazi-Indianern vor langer Zeit gebaut worden. Irgendwann im 13. Jahrhundert hatten die Anasazi ihre Behausungen verlassen, niemand weiß, warum, niemand weiß, wohin sie gingen. »Anasazi« kommt aus der Navajo-Sprache und heißt »Die-vorher-da-waren«.

An den lebensfeindlichen trockenen und heißen Gebieten des Südwestens waren die Weißen nur wenig interessiert. Wie immer nahmen sie vor allem jene Landstriche in Besitz, deren Böden für Ackerbau oder Viehzucht geeignet waren. Die Indianer wurden dabei in die unwirtlichsten Landesteile abgedrängt. Dies ist auch die Ursache dafür, dass die größten Reservate der Indianer heute im Südwesten liegen. Eines der größten Reservate ist das der Navajos, ein Teil davon ist Monument Valley. Etwa 200.000 **Navajos** bilden heute die größte indianische Nation Nordamerikas.

* ERFOLGREICHE BAUERN: DAS UNGLÜCK DER NAVAJOS

Die Navajos waren aus dem Nordosten gekommen. Sie beherrschten ein Handwerk, das nur wenige der dort ansässigen Stämme kannten: erfolgreichen Ackerbau und Viehzucht. Und genau das sollte ihnen später zum Verhängnis werden und zu einem der sonderbarsten Kapitel im Geschichtsbuch des Umgangs der Weißen mit den Indianern führen. Zunächst hatten sich die Navajos, durchaus kein unkriegerischer Stamm, der besten landwirtschaftlich nutzbaren Böden bemächtigt, arbeiteten erfolgreich als Bauern, lernten von anderen Stämmen die Kunst des Webens und von den Spaniern das Handwerk des Silberschmiedens. Nach und nach drängten sie andere Stämme in immer unwirtlichere Gebiete ab. Sie selbst nannten sich Diné (»das Menschenvolk«), navahuu bedeutet in einer indianischen Sprache »bestelltes Feld in einem Trockental«. Aber als dann die Weißen kamen, waren es natürlich besonders die Gebiete der Navajos, die für sie interessant waren und ihre Habgier weckten. 1851 baute die Armee der Vereinigten Staaten das Fort Defiance mitten im Herzen des Navajo-Landes, und die Pferde, Maultiere und Rinder der Armee weideten ganz selbstverständlich auf Navajo-Land. Ihr Häuptling Manuelito erhob Einspruch beim Kommandanten des Forts, als klare Antwort erschossen seine Soldaten 60 Tiere aus Manuelitos Viehherde und trieben den Rest fort. Darauf überfielen die Navajos Fort Defiance und hätten es fast dem Erdboden gleichgemacht. Kurz danach verließen die Truppen das Fort, weil sie im Amerikanischen Bürgerkrieg an anderer Stelle dringender gebraucht wurden.

Fort Defiance

Aber die Weißen hatten nicht vergessen und kamen zurück. Ihr Führer Kit Carson hatte einen klaren Auftrag: Vertreibung der Navajos aus ihrem Gebiet und Umsiedlung ins 500 km entfernte Reservat Bosque Redondo in New Mexico. Die Navajos flüchteten vor den überlegenen weißen Kräften in den Canyon de Chelly mit seinen auf Felsvorsprüngen gebauten alten Behausungen (»Cliff Dwellings«).

Kid Carson

Aber Kit Carson spürte mit seinen Truppen die Navajo im Canyon de Chelly auf, viele wurden erschossen. Die Überlebenden traten im Winter 1864 den »Long Walk« in das Reservat Bosque Redondo an. Dort wollte General Carleton, der Auftraggeber von Kit Carson, ein großes Ziel verwirklichen und die Indianer zu Weißen »umformen«. Aber das ganze Unternehmen sollte ein schrecklicher Fehlschlag werden: Die an die Indianer verteilten Lebensmittel waren nicht ausreichend, der Boden dort zu schlecht, als dass die Navajo sich selbst hätten helfen können. Es gab Missernten und Hunderte von Toten. Die Situation war so schrecklich, dass Washington reagieren musste. Man schickte eine Delegation unter Führung von General Sherman, der über die Zustände im Reservat entsetzt war. Gegen die Zusicherung, nie wieder Waffen zu besitzen und ihre Kinder in weißen Schulen unterrichten zu lassen, wurde den Navajo die Rückkehr in ihre Heimat erlaubt.

»Wir sagten den Treibern, sie sollen die Maultiere anpeitschen, so eilig hatten wir es. Als wir von Albuquerque aus die Berggipfel sahen, fragten wir uns, ob das unser Berg sei, und wir hätten am liebsten mit der Erde geredet, wir liebten sie so, und ein paar alte Männer und Frauen weinten vor Freude ...« Manuelito, Häuptling der Navajo

Im Reservat Bosque Redondo befand sich das Fort Sumner, in das die Indianer nach ihrer Landenteignung zu Fuß (der sog. »Long Walk«) gehen mussten und dort viele Jahre interniert wurden.

* APACHEN: KEINE SPUR VON WINNETOU-ROMANTIK

Schwer zu sagen, warum Karl May, als er seinen edlen Indianerhäuptling Winnetou erfand, ausgerechnet auf die Idee kam, ihn zum Apachen zu machen. Auf jeden Fall ist die Wirklichkeit des Lebens eines Apachen weitaus anders als von Karl May geschildert, der ja erst viele Jahre nach Veröffentlichung seiner Bücher Nordamerika bereiste.

Die Apachen besiedelten die unwirtlichsten Gebiete des Südwestens und führten ein unglaublich hartes Leben. Dazu wurden sie schon von Kindheit an ausgebildet. So schickte man Jungen mit dem Mund voller Wasser auf 20 oder 30 Kilometer lange Dauerläufe durch die hitzedurchflutete Wüste. Bei ihrer Rückkehr mussten sie das Wasser ausspucken als Beweis dafür, dass sie der Versuchung widerstanden hatten, es trotz des quälenden Durstes hinunterzuschlucken. Oder sie wurden als lebende Zielscheiben benutzt und mussten lernen, den anfliegenden Pfeilen rechtzeitig auszuweichen. Und sie lernten sich »unsichtbar« zu machen, indem sie sich blitzschnell in die Erde eingruben und mit Hilfe eines Rohres

→ KRIEGSHÄUPTLING GERONIMO

Geronimo war ein ebenso unerbittlicher Gegner der Mexikaner wie der Amerikaner. Mexikanische Soldaten hatten seine Mutter, seine Frau und seine drei Kinder getötet. Die Amerikaner hatten sein Volk in ein Wüstenreservat gezwungen.

atmeten. Apachen waren gefürchtete Guerillakrieger und ihre Unterwerfung sollte die Weißen mehr Geld kosten als die eines jeden anderen Indianerstammes. Erst 1886 kapituliert ihr Häuptling Geronimo, nachdem er mit 36 anderen Stammesangehörigen jahrelang von mehr als 5.000 Soldaten verfolgt worden war. Heute leben mehr als 10.000 Stammesmitglieder in Arizona in zwei Reservaten und betreiben sehr erfolgreich Landwirtschaft.

* COMANCHEN: DER SCHRECKEN DER EBENEN

Die Comanchen waren die ersten Indianer, die die Vorteile, die ihnen der Besitz von Pferden brachte, in allen Bereichen perfekt ausnutzten. Schnell vergrößerten sie ihren Herrschaftsbereich und es gelang ihnen sogar, die wahrhaftig nicht friedliebenden Apachen in unwirtliche Gebiete abzudrängen, nachdem es ihnen gelungen war, ihnen die Pferde wegzunehmen. Auf dem Höhepunkt ihrer Macht beherrschten sie ein unvorstellbar großes Gebiet (620.000 Quadratkilometer) im heutigen Texas sowie in den späteren Staaten Kansas, Colorado, New Mexico und Oklahoma. Sie liebten ihre Pferde und verstanden hervorragend mit ihnen umzugehen. Und sie liebten den Krieg. Jeder Gegner, ob weiß oder rot, hatte sie zu fürchten. Es waren die Comanchen, die die Ausbreitung der Spanier nach Norden und die der Franzosen nach Südwesten erfolgreich und endgültig verhinderten. Und für weiße Siedler gab es über Jahrzehnte hinweg die sogenannte »Comanche-Barriere«, eine unsichtbare, gefährliche Grenzlinie, hinter der der Tod lauerte. Die US-Kavallerie konnte die Comanchen erst 1874 besiegen, als sie die Comanchen in einem Versteck aufspürten, alle ihre Vorräte für den Winter vernichteten und mehr als 1.000 ihrer Pferde erschossen.

Comanchen-Barriere

»Sie war auf keiner Karte eingezeichnet und ließ sich nicht einmal annähernd bestimmen. Die Comanchen-Barriere – das waren Rauchwölkchen am Horizont; das waren Reiter, die plötzlich auf den Hügelrücken auftauchten; das waren Schüsse und Schreie bei Sonnenuntergang; das waren Schrecken unter dem Sommermond. Die Comanchen-Barriere war der Tod, der allen Weißen drohte, die sich in dieses unermessliche Land vorwagten.« T.R. Fehrenbach

oben: Weiße Siedler bauen zum Schutz eine ringförmige Wagenburg. Wie werden sich wohl die Comanchen auf den Bergen hinter ihnen verhalten?

→ LAND-LOTTERIE

So ungerecht und gesetzlos die Landenteignung der Indianer oft war, so gerecht sollte die Verteilung an die Weißen sein. Hier wird Land der Comanchen, der Apachen, der Kiowa und der Widuta an Siedler verlost.

In den äußersten Südosten der USA, in die Everglades Floridas, wurden die Seminolen schließlich zurückgedrängt.

Auch heute unvergessen: Als Maskottchen der Football-Mannschaft der Florida State University reitet »Chief Osceola« ins Stadion.

DIE EVERGLADES

Das Gebiet, in das sich die Seminolen schließlich zurückziehen mussten, ist heute ein Nationalpark. Für Menschen ist das Leben in den Everglades überaus hart: Sümpfe, Hitze, Alligatoren …

»Ihr habt Gewehre, wir auch. Ihr habt Pulver und Blei, wir auch. Eure Männer werden kämpfen, und unsere Männer auch, bis der letzte Tropfen Seminolenblut den Staub dieser Jagdgründe getränkt hat.«
Seminolen-Häuptling Osceola zu US-General Thompson

Grausam und unbesiegt

Stolz und mit erhobenem Haupt betritt Osceola, der legendäre Häuptling der Seminolen, Fort Peyton. Er kommt unter weißer Flagge – General Jesup hat ihn zu Friedensgesprächen eingeladen und ihm freien Abzug zugesichert. Doch plötzlich stürzen sich Soldaten auf ihn, schlagen ihn bewusstlos, legen ihn in Ketten. Der Mann, den sie im Krieg nicht bezwingen konnten, ist durch einen heimtückischen Wortbruch nun doch in die Hände seiner Feinde gefallen.

Fünf zivilisierte Stämme

Seinen Namen verdankt dieser Zusammenschluss der Choctaw, Chicksaw, Cherokee, Creek und Seminolen einer Regierungsform, die der der Weißen nicht unähnlich war: Es gab ein Parlament mit Abgeordneten (auch Frauen) und zwei Kammern (also sozusagen einen Senat und ein Repräsentantenhaus).

Die Stämme standen zweifellos auf einer Kulturstufe, die der der Weißen in nichts nachstand, es gab medizinische Versorgung und dem Cherokee Sequoyah gelang der Geniestreich, eine Art Silbenalphabet zu erfinden, mit dessen Hilfe sich viele Stammesangehörige aus dem Analphabetentum befreien konnten. Aber auch diese Stämme sollten ihr Land verlieren, die meisten wurden ins heutige Oklahoma zwangsumgesiedelt.

* DIE »WEGGELAUFENEN«

Die Seminolen sind kein indianischer Volksstamm wie alle anderen. Sie sind sozusagen ein Zufallsprodukt der Geschichte des Südostens: Vor den mächtigen Creek ins heutige Florida geflüchtete Indianergruppen taten sich mit entlaufenen Negersklaven zusammen und bildeten einen Stamm, dem später ausgerechnet große Gruppen von Creeks beitraten, die sich vor den weißen Siedlern in Sicherheit brachten. Im Unabhängigkeitskrieg hatten die Creek die Engländer unterstützt. Deshalb kennzeichnet der Name der Seminolen ihre Geschichte sehr gut: »Simanoli« heißt in der Sprache der Muskhogee soviel wie »Weggelaufene«. Die Seminolen lebten in festen Dörfern und bauten Mais, Zuckerrohr und Baumwolle an. Sie waren aber keineswegs nur friedliebende Ackerbauern, sondern wegen ihrer Grausamkeit gegenüber ihren Feinden gefürchtet. Damit standen sie ganz in der Tradition der Indianer des Südostens: Skalpieren des Feindes, Martern von Gefangenen mit unglaublicher Grausamkeit – all dies war vom Südosten aus zu vielen anderen indianischen Stämmen und Völkern gelangt, zum Beispiel zu den Irokesen.

Seminolen vor ihren Strohhütten in den Everglades, Foto aus dem Jahr 1926.

* IM KRIEG MIT DEN USA

Die Seminolen mögen unter den Indianerstämmen etwas Besonderes darstellen – ihr Schicksal glich doch dem der anderen. Nach jahrzehntelangen Kämpfen, in denen zeitweise 1.500 Seminolen einer mit Artillerie bewaffneten Streitmacht von 20.000 Soldaten gegenüberstand, brach auch die Gefangennahme Osceolas nicht den Widerstand der Seminolen. Erst die Taktik von US-General Worth brachte quälend langsam die Entscheidung: kein direkter Kampf mit den Seminolen, dafür Vernichtung des jagdbaren Wildes, Vergiftung der Brunnen, Zerstörung der Felder. Schließlich wurden die meisten noch lebenden Seminolen ins Reservat nach Oklahoma transportiert, nur kleine Gruppen blieben in den Sümpfen Floridas. Einen Friedensvertrag zwischen den Seminolen und der Regierung der Vereinigten Staaten von Amerika gibt es bis heute nicht.

In den letzten 50 Jahren haben die Seminolen wichtige Beiträge zur Sicherung eines besseren Lebens der Indianer unserer Zeit geliefert: Ihre Schadensersatzklage gegen die US-Regierung wegen widerrechtlicher Landnahme hat fast so viel Aufsehen erregt wie der schließlich von ihnen gewonnene Prozess, nach dem es den Indianern erlaubt ist, in ihren Reservaten Casinos für Glücksspiele zu betreiben. Die Seminolen selbst haben davon profitiert und sind wirtschaftlich sehr erfolgreich: Ende 2006 haben sie die Kette der Hard Rock Cafés übernommen.

Seminole schwarzer Hautfarbe in Mexiko. Viele Seminolen schwarzer Hautfarbe verließen die USA als klar wurde, dass Sklavenjäger auch in Indianergebiete eindrangen.

Verhandlung einer Seminolen-Abordnung und ihres Rechtsanwaltes mit dem Vertreter der damaligen US-Regierung unter Präsident Dwight D. Eisenhower. Es geht um Landbesitz und das Recht der Indianer, auf ihrem Land ohne Störung durch weiße Jäger zu jagen. Die Verhandlung findet im Jimmy Tiger Dorf in den Everglades, Florida, statt.

Casinos, Powwows, Kampf um Rechte

»Nichts geht mehr.«
Geschickt lässt der Croupier des Spielcasinos die Kugel in der Roulettesschüssel kreisen. Wie viele andere Angestellte im Foxwoods Casino ist er Amerikaner schwarzer Hautfarbe. Neben ihm arbeiten hier auch viele Amerikaner süd- und mittelamerikanischer Herkunft sowie Weiße. 13.000 Menschen sind im Foxwoods, dem größten Casino der Welt, beschäftigt, unter ihnen auch 30 Indianer. Foxwoods, drei Stunden von New York City entfernt und zwei Stunden von Boston, hat 24 Stunden am Tag geöffnet – an 365 Tagen im Jahr: ein gigantisches Wirtschaftsunternehmen, der größte Steuerzahler des Bundesstaates Connecticut. Die Besitzer: die 700 Mitglieder des Indianerstammes der Mashantucket Pequots.

Protest: Oskar Running Bear mit Schusswaffe auf dem historischen Schlachtfeld Wounded Knee.

Verhandlungen: Gemeinsam an einem Tisch schließen Russell Means, Anführer des American Indian Movement, und der stellvertretende Generalstaatsanwalt der USA, Kent Frizell, einen Pakt, der die Besetzung von Wounded Knee beendet.

Kein Grund zum Feiern: 500 Jahre nach der »Entdeckung« Amerikas demonstrieren 1992 Indianer in San Francisco. Ihr Slogan: 500 Jahre Widerstand.

* NATIVE AMERICANS

Heute leben wieder so viele Indianer (sie nennen sich »Native Americans« in den USA und »First Nations« in Kanada) in Nordamerika wie zu der Zeit, als die Weißen kamen. Erst 1924, nachdem viele Indianer im Ersten Weltkrieg

für die Vereinigten Staaten gekämpft hatten, erhielten sie die amerikanische Staatsbürgerschaft. Wenig später wurde ihnen dann endlich erlaubt, ihre eigene Kultur zu leben. Dennoch gab es immer wieder Versuche, die Rechte der Indianer zu beschneiden, zum Beispiel durch Landenteignungen. Die Indianer antworteten schließlich mit einer politischen Organisation, dem »American Indian Movement«. Dieser »Bewegung der amerikanischen Indianer« gelang es, die Öffentlichkeit verstärkt auf Ungerechtigkeiten hinzuweisen und so Rechtsverstöße gegen die Indianer zu erschweren.

* POWWOWS

Die Erfolgsgeschichte der Mashantucket Pequots darf nicht darüber hinwegtäuschen, dass die meisten Indianer, heute eine Minderheit in dem Land, das einst ihnen gehörte, eher in Armut und ohne gute Zukunftsperspektiven leben. Natürlich gibt es Beispiele für erfolgreiche indianische Geschäftsleute, Rechtsanwälte, Rocksänger, Sportler. Aber im Vergleich zum amerikanischen Durchschnittsbürger verdienen sie weniger, haben eine schlechtere Schulbildung, sind öfter arbeitslos und Sozialhilfeempfänger. Viele Indianer leben ihre alte Kultur, sprechen ihre alte Sprache. Auf großen Stammesfesten, den Powwows, werden die alten Tänze getanzt und die alten Bräuche gepflegt. Nicht nur dann fühlen sie sich zwar als Indianer, vor allem aber als Mitglieder ihres Stammes: als Cheyenne, Navajo, Hopi …

* RESERVATE

Die meisten Indianer leben in Reservaten, also in Gebieten, die ihnen von der Regierung zugewiesen wurden. Oft waren dies Gebiete mit wertlosem Land, die es den Indianern nicht möglich machten, aus eigener Kraft für ihren Lebensunterhalt aufzukommen. So kommt in vielen Reservaten weit über die Hälfte des Geldes aus staatlichen Mitteln. Allerdings haben die Indianer in ihren Reservaten eine eigene, von den USA unabhängige Verwaltung – bis hin zum eigenen Autokennzeichen. Diese garantierte Unabhängigkeit war dann auch der Grund dafür, dass die Indianer in einem langen Rechtsstreit durchsetzen konnten, auf ihrem Boden Spielcasinos zu errichten. In den meisten US-Bundesstaaten ist Glücksspiel nämlich verboten. So betreiben heute 201 Indianerstämme mit Erfolg Freizeitparks und Spielcasinos.

Pine Ridge Reservat der Lakota-Sioux in der Nähe von Wounded Knee

Großes Powwow der Crow-Indianer in Montana. Hinter den traditionellen Tipis stehen die weniger traditionellen Autos der Teilnehmer.

Die Bemalung muss stimmen: Cree-Indianer vor dem Powwow in Duck Lake, Saskatchewan (Kannada).

→ NUR »VOLKSFESTE«?

Natürlich sind Powwows Feste. Sie können weniger Stunden, aber auch mehrere Tage dauern. Der Sinn ist vor allem, Spaß an der Pflege der Tradition des Stammes zu haben: Trachten, Tänze, Bemalungen, Lieder, Gebete, Speisen, die eigene Sprache …

Zu den Autoren

Der Autor Michael Kohlhammer träumt seit seiner frühesten Jugend den Traum der Indianer. Nachdem er lange Jahre als Verlagslektor und Programmmacher die verschiedensten Bücher für Kinder und Jugendliche betreut hat, startet er mit dem vorliegenden Sachbuch sein freiberufliches Dasein als Autor und Übersetzer.

Tim Zeiger, geb. 1961, hat das Buch fachlich begleitet. Der Ethnologe wandelt seit seiner Jugendzeit auf den Spuren der nordamerikanischen Indianer – insbesondere der Völker der Nordwestküste zwischen Oregon und Alaska. Tim Zeiger studierte in Tübingen und Seattle.

Bildnachweis

Abkürzungen:
o = oben; u = unten; m = Mitte; l = links; r = rechts; Die Ziffern beziehen sich auf die Buchseiten.

Mit Fotos von:

Umschlag: Phil Borges/gettyimages; CORBIS: o.l.; Lindsay Hebberd/CORBIS: m.l.; George Catlin; u.l.; Silke Wolff: U4

akg-images: 55 l.m.; Alfred Jacob Miller: 4 u.m., 36 m.l.; Anthony West/CORBIS: 4-5; Bettmann/CORBIS: 13 o.r., 13 u.r., 27 l.o., 36 u.l., 37 l.o., 37 u.r., 40 u., 51 o.r., 57 r.m., 60 o.r., 60 o.l.; Bill Hackwell: 60 u.; Bowers Museum of Cultural Art/CORBIS: 21 o.r.; Brian A. Vikander/CORBIS: 8-9; Christian Heeb, www.heebphoto.com: 4 o.l., 4 l.2 v.o., 4 u.r., 5 r.2v.o., 6 o.r., 7 o.r., 0 u., 11 u.r., 20-23, 29 r.2v.u., 29 l.u., 29 o.r., 29 o.l., 29 r.3v.u., 30, 31 r.2v.u., 35 u., 39 r.o., 46, 47 r.2v.o., 47 u.r., 50, 61 u.r., 61 o.r., 61 r.m.; Christie's Images/CORBIS: 5 r.3v.o., 45; CORBIS: 29 r.2v.o., 31 u.m., 38, 51 u.r., 52 r., 52 u.m., 53 o.r., 53 u.r., 56 u.m.; Courtesy of the Mashantucket Pequot Tribal Nation: 58-59; Deutsches Ledermuseum-Schuhmuseum Offenbach: 9 u., 17 2v.u.; Dietrich Graf/Ethnologisches Museum, Staatliche Museen zu Berlin/bpk: 10 l.2v.u., 11 o., 17 o.m., 17 o.l.; Elspe Festival: 5 o., 52 o.l.; Frank Lukasseck/CORBIS: 42-43; Frans Lanting/CORBIS: 5 r.2v.u., 47 o.r.; Franz Marc Frei/CORBIS: 55 o.l.; Gabriele Kärcher/Sorrel: 6 u.r., Gabriele Metz, Mülheim an der Ruhr (www.gabriele-metz.de): 19 o.r.; Geoffrey Clements/CORBIS: 3; George Catlin: 16 l.; Greg Drzazgowski/CORBIS: 54; Heiko Windfelder: 35 o.; Jean-Francois Schmutz/Fotosearch: 32-34; John McAnulty/CORBIS: 5 u.2v.l., 43; Jonathan Blair/CORBIS: 23 u.; Jules Frazier/gettyimages: 4 r.2v.u., 10 o., 64 u.; Layne Kennedy/CORBIS: 14-15; Louie Psihoyos/CORBIS: 57 o.r.; Marilyn Angel Wynn/Nativestock Pictures/CORBIS: 44 l.m.; Martin Franken/Ethnologisches Museum, Staatliche Museen zu Berlin/bpk: 7 o.m., 17 m.3v.o.; Michael T. Sedam/CORBIS: 42 u.l.; Museum of History and Industry/CORBIS: 47 r.2v.u; Olivier Martel/CORBIS: 31 r.u.; Owen Franken/CORBIS: 61 l.o.; Paul A. Souders/CORBIS: 5 u.r., 48-49; Peter Turnley/CORBIS: 44 o.l.; Photocase.com/Hintergrundbilder: 10 l., 12 l., 13 r., 55-57; Photocase.com/Holger Schmidt/Hintergundbild: 64 o.; Photocase.com/Sascha E. Gaul: 52 u.l.; Photocase.com/Walter Christ/Hintergundbild: 27 u.; Photographer unknown: 44 u.l.; Silke Wolff: 5 u.l., 46 r.u.; Stuart Westmorland/CORBIS: 40-41; Thomas Hennig/Wisentgehege Springe: 18 o.r.; Tim Zeiger: 16 u.l., 47 m.l.; Ullstein-Reuters: Vorsatz; Underwood & Underwood/CORBIS: 24-25; W. Ben Hunt: 37 l.u.; Werner Forman/CORBIS: 10 l. 2v.o., 64 u.; Wikipedia: 4 l.3 v.o., 13 r.2v.u., 18 o.l., 23 o., 31 l.u., 44 u.m., 35 m., 36 o., 37 o.r., 51 u.m., 57 u.r.; Wikipedia/Derek Ramsey: 14 l.; Wikipedia/Edward S. Curtis: 7 l.u., 29 l.m.; Wikipedia/Karl Bodmer: 8 u.l., 12, 16-17 u.m., 21 u.l., 27 r.m., 27 m., 29 o.m.; Wikipedia/Michelle Kwajafa: 21 u.r.; Wikipedia/Noah Hamilton Rose: 29 m.; Wikipedia/Seth Eastman: 51 m.; Wikipedia/TobiToaster: 57 u.l.; www.canadianheritage.ca ID #10050, National Archives of Canada C-33512: 20 r.; www.canadianheritage.ca ID #10071, National Archives of Canada C-36647: 28 u.; www.canadianheritage.ca ID #23255, National Archives of Canada C-114374: 29 u.r.; www.canadianheritage.ca ID #10039, National Archives of Canada C-36345: 39 r.u.; www.canadianheritage.ca ID #10061, National Archives of Canada C-65531: 39 r.m.; Yellowstone Nationalpark: Vorsatz/Rückseite;Yellowstone Nationalpark/Buell: 19 m.; Yellowstone Nationalpark/JR Douglass: 18 u.l., 19 u.; Yellowstone Nationalpark/Andrew Langford: 6 u.l.; Zur Verfügung gestellt von Erich Lehner: 41 u.m., 41 l.u.

Mit Illustrationen von:
Appleton : 5 u.m., 46 m., 51 u., 52 o.l., 64 o.r.; Johannes Christian Rost/Kosmos: 4 o.r., 7 u.r., 26-27 u.; Oliver Marraffa: 13 u., Karten: www.grafikdienst.com/Oliver Marraffa: 22, 25 m.u., 39 l.u.

Trotz gewissenhafter Bemühungen ist es dem Verlag nicht gelungen, alle Rechteinhaber zu finden. Wir bitten diese, sich gegebenenfalls mit dem Verlag in Verbindung zu setzen.

Impressum

Bibliografische Information der deutschen Nationalbibliothek
Die Deutsche Nationalbibliothek verzeichnet diese Publikation in der Deutschen Nationalbibliografie; detaillierte bibliografische Daten sind im Internet unter http://dnb.ddb.de

Gedruckt auf chlorfrei gebleichtem Papier

1. Auflage

ISBN: 978-3-440-10942-7
Grafische Konzeption und Umsetzung: Atelier Bea Klenk
Redaktion: Silke Arnold
Bildrecherche: Stefanie Vogt
Produktion: Angela List

Printed in Germany

»Ihr könnt genausogut erwarten, dass die Flüsse rückwärts fließen, als dass ein Mensch, der frei geboren wurde, damit zufrieden ist, eingepfercht zu leben, ohne die Freiheit, zu gehen, wohin er beliebt.«

Chief Joseph, Nez Percé